沥青路面双层连续摊铺技术

乔　志　王选仓　著

人民交通出版社股份有限公司
北　京

内 容 提 要

本书在全面梳理国内外沥青路面双层连续摊铺研究与应用的基础上，结合我国道路交通实际，对沥青路面双层连续摊铺技术进行了全面系统研究，主要内容包括国内外相关研究内容调查、半刚性基层强度增长规律、施工应力及位移分析、塑性变形分析、水泥凝结时间分析、平整度扰动质量控制、铺层间黏结效果、大压实功压实规律、压实度评价与检测方法、养生方法分析、机械优化配置、试验路铺筑与验证以及沥青路面面层双层连续摊铺分析验证等内容。

本书可供公路工程相关技术人员参考使用，亦可供高等院校相关专业研究生参考拓展借鉴。

图书在版编目(CIP)数据

沥青路面双层连续摊铺技术/乔志，王选仓著. —北京：人民交通出版社股份有限公司，2022.3

ISBN 978-7-114-17869-6

Ⅰ.①沥… Ⅱ.①乔…②王… Ⅲ.①沥青路面—路面铺装 Ⅳ.①U416.217

中国版本图书馆 CIP 数据核字(2022)第 035658 号

Liqing Lumian Shuangceng Lianxu Tanpu Jishu

书　　名：**沥青路面双层连续摊铺技术**
著 作 者：乔　志　王选仓
责任编辑：崔　建
责任校对：席少楠
责任印制：刘高彤
出版发行：人民交通出版社股份有限公司
地　　址：(100011)北京市朝阳区安定门外外馆斜街 3 号
网　　址：http://www.ccpcl.com.cn
销售电话：(010)59757973
总 经 销：人民交通出版社股份有限公司发行部
经　　销：各地新华书店
印　　刷：北京虎彩文化传播有限公司
开　　本：720×960　1/16
印　　张：12.375
字　　数：219 千
版　　次：2022 年 3 月　第 1 版
印　　次：2022 年 3 月　第 1 次印刷
书　　号：ISBN 978-7-114-17869-6
定　　价：89.00 元
(有印刷、装订质量问题的图书由本公司负责调换)

前言

PREFACE

我国公路规模大、里程长、涉及范围广，截至 2020 年底，全国高速公路里程达到 15.29 万 km，一级公路里程达 1.74 万 km。庞大的公路网对公路建设技术提出了更高层次的要求，为提高高等级公路承载能力，延长重载交通环境下公路的使用寿命，我国高等级公路多采用半刚性基层和沥青混合料面层相结合的路面结构形式，传统的半刚性基层和沥青混合料面层施工过程均采用分层不连续摊铺工艺进行摊铺。工程实践表明，这种施工方法存在养生周期长、层间连接效果差、基层整体性不佳、机械设备使用效率低、施工过程易对下基层造成损伤等缺陷。

将双层连续摊铺技术应用于沥青路面铺筑，可有效解决传统路面摊铺过程中存在的问题。半刚性基层施工时，在完成下层摊铺以后，可不经过养生立即进行上层摊铺，提高半刚性基层材料的整体性，从而提高基层的抗拉伸性能、抗冲击强度，可以有效地避免由基层原因造成的路面早期病害。与此同时，利用该项技术进行半刚性基层施工，可有效缩短施工时间，提高施工效率，降低施工成本。沥青混合料面层施工时，双层连续摊铺技术可将上、中两个路面结构层同时摊铺，一体进行碾压，使得两层混合料在层间实现相互嵌锁、相互融合，从而弥补现有路面施工周期长、设备利用率低、层间易污染以及黏层油消耗大的不足。因此，进一步深入研究双层连续摊铺技术的合理性，对提升高等级公路的使用寿命，促进我国高等级公路的发展具有重要的现实意义。

鉴于以上背景，作者进行了为期数年的双层连续摊铺半刚性基层施工工艺理论与实践研究，并以相应的研究成果和经验为基础开展了沥青混合料面层双层连续摊铺研究。本书结合作者的研究成果编写而成，全书共分为 13 章，第 1 章全面梳理了国内外相关研究内容，指出了现有研究的不足，明确了沥青路面双层连续摊铺施工工艺的研究方向；第 2 章介绍了基于试验路段实际气温对寒冷地区水泥稳定混合料强度增长规律的试验研究，分析了基于不同成熟度下水泥稳定混合料的强度增长规律，建立了水泥稳定混合料早期强度预估模型，并予以验证；第3章深入调查分析了全国特别是内蒙古自治区施工车辆的相关参数，为半刚性基层应力应变分析提供了参考，试验分析了水泥稳定混合料早期回弹模量，并运用有限元计算分析了传统施工方法下运输车辆对基层层底拉应力的影响，提出了评价传统摊铺模式对路面疲劳寿命的影响方法；第4章介绍了双层摊铺车辆荷载作用下的塑性变形，根据室内试验与现场实测数据，得到了相关材料参数，建立了塑性变形预估模型；第5章分析了各因素对于水泥凝结时间的影响，研究了水泥凝结时间与强度发展的关系，提出了水泥自拌和到摊铺碾压的施工时间控制节点；第6章介绍了基层施工平整度的影响因素，系统分析了运输车辆对未经养生基层平整度扰动量的影响效果，提出了适用于双层连续摊铺技术的平整度传递理论，建立了施工车辆平整度扰动预估模型并现场验证，提出了基于双层连续摊铺的平整度扰动控制措施；第7章介绍了双层连续摊铺层间黏结作用，对水泥稳定碎石基层层间黏结性能和剪切性能进行了室内试验分析，运用Bisar有限元软件计算了不同层间摩擦力效果下结构层层底弯拉应力分布情况，并结合疲劳寿命方程对不同层间结合下路面寿命进行了对比分析；第8章分析了大压实功作用下半刚性基层材料的压实规律，提出了适用于试验路段的压实方案；第9章介绍了适用于厚层基层的压实度分层检测方法，并在现场进行了试验检测，提出了压实度质量控制标准；第10章建立了水泥稳定碎石基层渗透模型，并进行了室内水泥稳定碎石基层渗透试验，得出了渗透系数 k 的关系公式，根据现场洒水养生试验，提出了双层连续摊铺的合理养生措施；第11章介绍了基层施工机械的选型原则和机械组合原则，确定了试验段的配套施工机械；第12章介绍了双层连续摊铺施工组织设计，提出了相应的施工方案、机械配置标准和施工进度计划，并在现场试验段施工中进行验证，同时对现场压实度和平整度进行检测；第13章以半刚性基层双层连续摊铺技术研究经验和相关成果为基础，初步探索将双层连续摊铺技术应用于面层铺筑，并验证了将双层连续摊铺技术应用于面层铺筑的实际路用性能。

本书对半刚性基层双层连续摊铺的指标控制、参数选择、控制方法及工程应用控制要点等内容进行了系统介绍，同时对沥青混合料面层双层连续摊铺的施工机械配置、施工组织、路用性能检测等内容进行了探索研究，为我国高等级公路沥青路面双层连续摊铺技术的发展提供了理论支撑和技术指导，对提升我国高等级公路的使用寿命具有一定的借鉴意义。

在本书写作和研究过程中得到了众多专家学者、同行的大力支持，同时本书参考并引用了大量国内外相关文献，在此向上述人员以及这些文献的作者表示诚挚的谢意！

由于作者水平有限，书中难免有不足和疏漏之处，敬请各位读者批评指正，不胜感激。

作　者

2021 年 9 月

目录

CONTENTS

第 5 章　半刚性基层水泥凝结时间　/65

第 6 章　半刚性基层双层连续摊铺平整度扰动质量控制　/78

第 7 章　半刚性基层双层连续摊铺层间黏结效果　/91

第1章 绪 论

1.1 背景与意义

随着我国经济社会的不断发展，我国高等级公路里程不断增加，公路建设处于转型跨越发展的新阶段，新材料、新工艺、新方法已成为当今公路研究的主题。为提高高等级公路承载能力，我国高等级公路多采用半刚性基层和沥青混合料面层相结合的路面结构形式。半刚性基层具有水稳性能好、板体性强、强度高以及施工便利等优点，沥青混合料面层具有表面平整、行车舒适、施工期短、养护维修简便等优势。我国沥青路面传统施工工艺主要是分层摊铺、逐层碾压，路面施工工序相对比较独立，然而工程实践表明，传统施工方法存在一定的缺陷，主要表现在以下几个方面：

1）半刚性基层摊铺方面

（1）养生周期长

采用分层摊铺施工工艺摊铺半刚性基层，每一基层结构层分层施工都需要间隔养生7d龄期以上，基层分层数越多，施工周期越长。

（2）上基层施工过程会对下基层造成一定程度的损伤

无机结合料稳定材料强度完全成型是一个漫长的过程，一般需要90d龄期可以达到最大强度。虽然水泥稳定碎石早期强度增长快，但是仍不能达到最大强度值，上基层施工时，过大的施工机械荷载会对下基层造成微损伤，影响路面结构整体寿命。

（3）层间连接效果差

水泥稳定碎石基层施工中，对层间黏结的重视远不如面层，层间强度几乎为零。部分道路采用了铺洒水泥浆以增加层间黏结效果的方法，但是这种方法在施工中很难达到预期效果。

(4)机械设备使用效率低

由于传统施工方法下基层摊铺完成后需覆盖洒水养生满7d,且强度达到一定要求后方可进行下基层的摊铺,虽然按照流水作业法进行流水作业,但由于天气等其他原因,不能完全按照施工组织设计的计划去实施,养生期间的机械设备、人员往往闲置,极大地降低了机械设备的使用效率,增加施工成本。

2)沥青混合料面层摊铺方面

(1)层间易污染

利用分层摊铺施工工艺进行沥青混合料面层摊铺时,摊铺层间易受各种施工因素及交叉工程影响,进而造成界面污染、黏层洒布不均匀的病害,严重影响层间黏结质量,造成沥青路面早期损坏。

(2)层间处治成本高

沥青混合料面层分层摊铺需要对层间进行人工清扫和黏层油洒布。目前,国内主要黏结层材料价格约为6000元/t,实体工程中以0.45~0.75kg/m^2洒布量计算,单位造价1.8元/m^2,层间处治费用较高。

(3)设备利用率低

沥青混合料面层分层摊铺,各结构层施工工序均需要一定的时间间隔,且摊铺厚度(4~8cm)远小于目前压实设备的最佳压实厚度,导致压实机械工作不充分、工作效率低。

(4)施工周期长

沥青混合料面层分层摊铺、逐层压实的施工工艺,施工作业周期长,交通管理工作量大。

与此同时,我国北方地区年平均温度不到0℃,冬季寒冷而漫长。公路路面基层施工技术规范要求水泥稳定土施工期的日最低气温应在5℃以上,故北方地区年施工期不足4个月,严峻的施工条件更加放大了传统施工方法施工周期长、施工效率低的缺点。

鉴于以上问题,沥青路面双层连续摊铺施工技术逐步在我国道路施工中崭露头角,相比于传统施工技术,双层连续摊铺技术具有许多独特的优势:①施工周期短;②施工造价低;③层间结合效果好;④机械利用率高。因此,未来沥青路面双层连续摊铺技术势必会在道路施工中占有重要地位。

目前我国已经开展了双层连续摊铺技术的相关研究,但尚未建立明确的研究体系,其施工技术也没有明确的规范可寻,且对双层连续摊铺技术的现场铺筑试验验证也较少，因此，进一步开展沥青路面双层连续摊铺技术系统性研究，对推进我国高速公路高质量建设具有重要意义。

1.2 国内外研究现状

1.2.1 国外研究现状

国外道路建设中，基层摊铺技术研究主要以大厚度摊铺研究居多，英国《道路和桥梁技术规范》和《公路工程技术规范》都把规定压实方法作为土方工程和路面工程压实控制的主要方法。从1949—1973年的24年间，做了大量足尺压实试验，评估了不同质量的压实机械（光面钢轮压路机、轮胎压路机、振动压路机、夯板、羊脚碾和格状压路机）对不同土的压实效果。在国外，双层连续摊铺技术主要应用于沥青面层的摊铺。在经济效益、施工质量、路用性能和提高施工效率方面，双层摊铺技术具有不可比拟的优势。目前德国、荷兰、瑞典等国家都在面层双层摊铺技术方面进行了深入系统的研究。德国国内应用双层摊铺施工的高等级公路路面已经达到约400万m^2，路面使用效果良好。该技术得到了欧洲许多国家的认可，目前俄罗斯、澳大利亚和美洲等国家或地区已将该技术初步引入其国内。

达姆施塔特技术大学的研究表明：沥青层间材料压实度超百时，沥青路面结构抗变形能力仍有提高的可能。这使得研究重载路面施工时采用双层摊铺技术变得十分必要。通过“热热相接”将沥青混合料紧密结合起来并进行充分压实。摊铺面积不同，取得的经济效益也不同，当摊铺面积达到12400m^2时，经济效益达到最佳。通过对比分析可以得出，在相同工况下，使用双层摊铺技术可节省成本75900欧元。同时指出，通过严密科学的施工组织，可将经济效益提高至170200欧元。

Billy Connor等在对低温季节混合料压实问题的研究过程中注意到，在0℃左右摊铺的磨耗层有22%压实度低于97%。Billy Connor将这一现象归结于摊铺厚度过薄、热量损失过快导致磨耗层很难被压实。而双层摊铺施工厚度一般在8～10cm，最高可达12cm，因此可有效解决温降过快这一问题。戴恩尼斯研究了摊铺层厚度与混合料冷却时间的关系。结果显示：冷却时间随摊铺层厚度的增加而加倍增加，当摊铺层厚度增加1倍时，冷却时间相应增加3.5倍。传统施工方法磨耗层厚度一般为4cm，而双层沥青摊铺工艺摊铺层厚度在12cm左右，即10cm基层，2cm磨耗层，此时，基层与磨耗层具有相当好的黏结性。

对于道路基层层间结合效果的研究,国外主要的研究方向集中在基层与面层层间。Brown 和 Brunton 早在 19 世纪 80 年代就认识到沥青路面结构的疲劳寿命受不同结构层层间接触状态影响显著。国外许多家公司运用研究理论编制了专门的应力计算软件,如壳牌的 Bisar。Hassan 和 Mohammad 等人通过层状弹性程序及有限元计算方法计算得到了沥青路面在不同层间接触情况下的应力应变状态,分析表明:沥青路面使用寿命受沥青结构层黏结状态及道路水平荷载的累计作用影响显著。

1.2.2 国内研究现状

近年来,长安大学从国外引入双层摊铺技术,并对其在沥青路面摊铺技术方面的应用进行了系统深入的研究。长安大学王选仓等人通过双层摊铺和传统摊铺两种不同施工方法下的等效厚度转换试验,分析了试验温度、摊铺层厚度对沥青混合料压实度的影响,并将双层摊铺技术成功运用于高速公路试验段,该试验段长 2500m,采用了四种不同级配、不同厚度的结构组合,研究了双层层间结合、温度散失和施工设备合理搭配等问题。长安大学穆柯等人考虑冷界面的影响,对双层摊铺油石比进行了设计,提出了双层摊铺过程中不同施工厚度下的沥青混合料油石比调整公式。长安大学王朝辉等人对双层摊铺热量散失规律进行研究,建立了双层摊铺温度散失模型,并提出当摊铺温度分别为 150℃、170℃时,有效碾压时间分别为 28 ~48min 和 22 ~37min,满足工程需求。通过试验段检测验证,按照建立的双层摊铺温度散失模型预估的有效碾压时间进行施工,可以有效改善路面平整度和压实度,确保道路的施工质量。长安大学张超教授通过对二灰稳定碎石进行室内试验、模拟计算、理论分析和工程验证,总结出了二灰稳定材料混合料的施工碾压可延迟性、结构强度可恢复性以及连续施工可行性等特点,为半刚性基层分层连续施工提供了理论基础。长安大学王艳丽、张争奇、王秉纲等介绍了沥青路面双层摊铺技术的工作原理及其优点,并分析了这种新技术良好的性能和在我国的应用前景。该技术不仅能够提高沥青混合料的压实度,而且还能增加材料的层间黏结效果,提高沥青路面的使用性能。长安大学宋永刚、王海鸣等对国外双层摊铺机的性能及结构特点进行了研究,并分析了组合式和整体式双层摊铺机的工作装置,为我国双层摊铺机的摊铺施工提供参考。长安大学根据试验路现场压路机的实际工况研制了自上而下的振动压实仪,并提出一套振动压实的室内试验方法。长安大学沙爱民教授课题组研制了可调频、偏心块夹角和静面压力的振动成型压实仪。

为进一步探索沥青路面受力情况,国内部分专家学者通过建立受力模型对沥青路面施工过程应力分布情况进行了模拟。河北工业大学马士宾教授通过对半刚性基层混合料早期强度进行试验，运用 Kenpave 软件对基层施工应力分布情况进行了模拟，对半刚性基层分层连续施工可行性进行了验证，并根据试验段提出了合理的分层连续摊铺施工工艺。周志刚、李宇峙等对自然条件下路面结构温度场及温度应力进行研究，该研究通过建立基于热力学理论的路面结构有限元模型，分析季节温度性变化对路面温度场的影响，同时建立不同交通荷载作用下道路结构黏弹性有限元模型，分析气候、交通荷载及其耦合作用对路面力学响应及裂纹扩展的影响。艾长发、段小琦等研究了层间界面条件对沥青路面疲劳寿命的影响，通过建立路面疲劳模型，采用小梁弯曲疲劳试验方法，测定不同黏层油用量、不同温度、不同加载等试验条件下复合小梁试件的疲劳寿命。同济大学在路面结构层间接触状态的理论和方法方面做了大量的研究，采用多层弹性体系，计算了不同接触状态荷载作用下的应力和位移变化，得到了相应的计算图和数解表。长沙理工大学的张起森教授在这方面也做了大量的研究，并将可能的接触状态问题划分为四类——层间分离、完全滑动、完全连续和有摩擦的滑动。东南大学教授黄晓明对旧水泥沥青混凝土路面的结构受力进行了分析，并采用 Goodman 夹层单元模型对接触面进行了力学计算。张东、黄晓明对沥青混合料的抗劈裂试验进行了室内模拟，运用双内聚力模型，分析研究了沥青混合料损失效能性能，并将抗拉强度作为主要损伤应力指标，模拟劈裂试验。

为进一步探索双层连续摊铺应用效果，国内部分企业开展了相关的实践研究。北方公路工程建设集团有限公司将传统摊铺方式和双层沥青混合料的摊铺方式进行了对比，结果显示，双层摊铺技术“热接热”的摊铺方式增加了层间结合，提高了沥青路面的使用质量，节省了工程造价。湖南省某市的绕城高速公路，半刚性基层设计厚度为 35cm，采用分层连续摊铺技术施工，通过对该高速公路现场及室内试验分析表面，采用半刚性基层分层连续施工，可使其抗冲击、抗拉强度提高 80% 以上，有效地避免了公路路面的早期破坏现象。广西某水泥稳定碎石基层沥青路面，基层设计厚度 30cm，采用连续摊铺的施工方案。工程实践结果表明：路面结构整体受力较传统施工方法更有优势。山东某高速公路，采用分层连续摊铺技术，将半刚性基层设计厚度提升至 36cm，并对现场试验路段进行取样分析，取得芯样的完整性、密实度、均匀度均良好，芯样平均抗压强度可达 4.9MPa，通过现场铺筑试验证明，该项技术可进一步提升半刚性水泥稳定基层之间的整体性，并使其具有更加良好的整体承载力。吉林某高速公路采用了大厚度连续摊铺技术，实现了新建水泥稳定基层三层变两层连续摊铺的目的，将水泥稳定基层一次整体成型厚度提升至 54cm，工期缩短了 2/3。湖南某高速公路为解决传统基层施工中养生周期长、施工质量通病多等问题，采用了侧向供料双层连铺连压水泥稳定整体成型施工技术，将一次摊铺基层厚度提升至 36cm，通过该项技术在施工中的成功应用，提高了路面强度，并节约成本 490.57 万元。中交一公局通过现场检测发现，采用双层摊铺技术施工的基层芯样强度和芯样状况均满足设计和规范要求。双层摊铺利用上层对下层进行养生，有助于下层水分的保持，有助于减少基层开裂。龙边路桥股份有限公司对国外双层摊铺设备进行了深入的研究，分析了摊铺机的结构特点和组合方式，并介绍了相应施工工艺的施工方法。

1.2.3 国内外研究现状分析

我国高等级公路多采用半刚性基层和沥青混合料面层相结合的路面结构形式，但半刚性基层路面不是欧美等发达国家公路的主流结构形式，因此欧美等发达国家对半刚性基层的研究相对较少。目前，我国虽开展了双层连续摊铺技术在半刚性基层和沥青混合料面层部分的研究，但尚未建立系统的研究体系，对双层连续摊铺技术施工条件下施工荷载的研究也较少，且鲜有对基层层间结合改善效果进行系统的研究，相关规范也尚未对双层连续摊铺施工工艺进行说明。同时施工过程缺乏科学理论依据。因此，有必要进一步深入开展双层连续摊铺技术在半刚性基层和沥青混合料面层铺筑过程的应用研究。

第 2 章 半刚性基层强度增长规律

半刚性基层(又称为水泥稳定碎石基层)由于板体性强、水稳定性好、造价低、施工工艺简单、早期强度高、养生期短等优点,被广泛地应用于高速公路路面的基层与底基层,已经成为主要的基层结构类型。虽然半刚性基层在我国已经有几十年的研究与应用,但是在实际施工过程中,温度变异性对基层早期强度的影响还没有很好的认识。在我国沥青路面结构设计中,半刚性基层一般采用标准养生温度的设计强度,这在实际施工过程中很难保证。特别是在秋冬季节施工,此时的昼夜温度较难达到标准养生温度。但迫于工期要求,经常造成基层在养生温度较低情况下开放交通,此时路面还未达到预期设计强度要求,极易导致路面早期破坏。本章从水泥稳定材料强度增长机理入手,通过试验分析了低温条件下水泥稳定材料的强度增长规律,建立了水泥稳定材料早期强度预估模型,为双层连续摊铺工艺可行性提供了理论基础。

2.1 水泥稳定碎石初期强度增长机理分析

水泥是水硬性结合料,水泥属于水硬性结合料,绝大多数的土类(高塑性黏土和有机质较多的土除外)都可以用水泥来稳定,以改善其物理力学性质,适应各种不同的气候条件与水文地质条件。水泥稳定类基层具有良好的整体性,足够的力学强度、抗水性和耐冻性。水泥稳定碎石是以级配碎石作集料,采用一定数量的胶凝材料和足够的灰浆体积填充集料的空隙,按嵌挤原理摊铺压实,其压实度接近于密实度,强度主要靠碎石间的嵌挤锁结,随着龄期的增加,混合料很快结成板体,因而具有较高的强度,抗渗度和抗冻性较好。水泥稳定碎石水泥用量一般为混合料,用量为 3% ~6% ,7d 无侧限抗压强度可达 5.0MPa,较其他材料高。水泥稳定碎石基层遇雨不泥泞,表面坚实,初期强度较高,所以应用范围很广,是高等级路面的理想基层材料。

水泥稳定碎石对各部分组成材料有一定的要求。水泥稳定碎石主要由粒料和灰浆组成。粒料为级配碎石,灰浆包括水和胶凝材料,胶凝材料由水泥和混合材料组成。水泥可选择普通硅酸盐水泥、矿渣硅酸盐水泥和火山灰质硅酸盐水泥,但应选用终凝时间较长的水泥,且宜选择强度等级较低的水泥。水泥品质必须满足国家标准规定。水质方面,适合饮用的水,均可拌制和用于水泥稳定碎石的养生。混合材料分为活性和非活性两大类。活性材料指粉煤灰等,可与水泥中析出的氧化钙作用。非活性材料指不具有活性或活性甚低的人工或天然矿物材料,这类材料的品质要求是材料的细度满足规范要求并不含有害成分。碎石采用反击式、冲击破或圆锥式破碎机生产,二次破碎禁止采用鳄式破碎机生产,生产线必须安装除尘设备。碎石加工厂振动筛网规格为6mm、11mm、22mm、41mm。碎石技术指标:密度大于2.6t/m^3,压碎值(%)小于25%。细集料应洁净、干燥、无风化、无杂质。细集料的洁净程度以砂当量表示。

2.1.1 强度形成过程

水泥的主要矿物成分是硅酸三钙、硅酸二钙、铝酸三钙和铁铝酸四钙,其中硅酸三钙含量最多,高达40%~50%,是强度形成的主要因素;硅酸二钙含量30%~40%,反应较慢,是后期强度增长的主要因素;铝酸三钙含量约占6%,反应速度最快,提高了水泥稳定碎石的早期强度;铁铝酸四钙含量约为10%,是影响早期强度的原因,决定材料的弯拉强度。水泥稳定碎石在形成强度时发生了复杂的物理化学作用,主要包括:水化作用、离子交换作用、化学激发作用、碳酸化作用,各种作用过程是同时发生的,它们相互配合,连续作用,使水泥稳定碎石混合料形成一个有机整体。

1)水泥的水化作用

在水泥稳定碎石混合料中,水泥水化反应是最早进行的,生成的水化产物具有胶结能力,这是水泥稳定碎石强度的主要来源。水泥水化产物的反应简式如下:

硅酸三钙:$2C_3S + 6H_2O \rightarrow C_3S_2H_3 + 3CH$

硅酸二钙:$2C_3S + 4H_2O \rightarrow C_3S_2H_3 + CH$

铝酸三钙:$C_3A + 6H_2O \rightarrow C_3AH_6$

铁铝酸四钙:$C_4AF + 7H_2O \rightarrow C_4AFH_7$

水化生成物填充于土的孔隙中,包裹在土颗粒的周围,使土的塑性慢慢消失,随着水化反应的不断进行,混合料开始形成一定的强度。

2)离子交换作用

硅酸三钙和硅酸二钙是水化反应生成物的主要部分,大量的$Ca(OH)_2$溶于水以后，土周围的溶液呈现碱性，而且富含钙离子。由于钙离子的电价较高，具有很强的吸引能力，可以置换电价较低的钠、钾等离子，成为反离子。钙离子双电层电位的降低，使土颗粒相互靠拢，进一步降低土的塑性，增加混合料的强度，并具有一定的稳定性。

3）化学激发作用

在土的成分中，含有许多具有胶凝能力的矿物，这些矿物具有与水泥相似的组成和结构。这些矿物与水泥生成物一起包裹在黏土颗粒表面，将黏土颗粒凝结成一个整体。因此，氢氧化钙对黏土矿物的激发作用，将进一步提高水泥稳定土的强度和水稳定性。

4）碳酸化作用

水化产物氢氧化钙，除了可与黏土矿物发生化学反应外，还可以进一步与空气中的 CO_2 反应并生成 $CaCO_3$ 晶体。反应过程中释放热量，生成物体积膨胀，填充于土颗粒周围，进一步填充孔隙，增加混合料的强度，但作用较弱。

2.1.2 初期强度增长机理微观分析

水泥稳定碎石混合料的强度形成过程，从微观角度分析是一个水化产物由无定型凝胶向低结晶度网状晶体，最终变化成高结晶度网状晶体的过程，图 2-1 所示为 7 ~ 90d 龄期下水泥稳定碎石结构扫描电镜照片。

由图 2-1 可知，水泥稳定碎石混合料成型 7d 龄期时，混合料中的主要物质是未被水化的 C_2S 核和 C_3S 核，呈絮凝状，附着在集料骨架的表面，还有少量水化硅酸钙凝胶 C-S-H 和氢氧硅酸钙石存在，水化是初步的，而其他水化产物很少，空隙较明显，混合料刚刚形成网状结构，因此有一定的强度，但强度不是很高。

14d 龄期时，混合料中 C_2S 核和 C_3S 核大量减少，形状逐渐向纤维状和板块状晶体过渡，空隙中多余的水分加强了水泥颗粒的水化，出现大量的纤维状水化硅酸钙凝胶和一部分低结晶扫帚状水化硅酸钙，板块状的 $Ca(OH)_2$ 晶体及少量六角板状的水化铝酸钙晶体充实了一部分空隙。

28d 龄期时，混合料中水泥颗粒继续水化，主要产物为低结晶扫帚状水化硅酸钙和板块状氢氧化钙 $Ca(OH)_2$ 以及氢氧硅酸钙石，同时还有部分立方体状的水化铝酸钙 C_3AH_6 和六角板状的 C_4AH_{13} 晶体。由于晶体大量增多，产生大量网状结构，提高了混合料强度。

90d 龄期时，混合料中主要生成物形状为扁平或大而不规则的粒状高结晶度水化硅酸钙晶体，以及水化铝酸钙六角板晶体和立方 C_3AH_6 晶体，在局部区域还可见纤维状的水化硅酸钙。由于混合料中绝大部分已经形成高结晶度的水化硅酸钙晶体和水化氯酸钙晶体，因此材料强度已经基本形成，在以后的时间里，材料强度增长幅度不大。由此可以看出，水泥稳定碎石混合料强度是一个随龄期而增加的过程，增长速度由快到慢、逐步放缓。

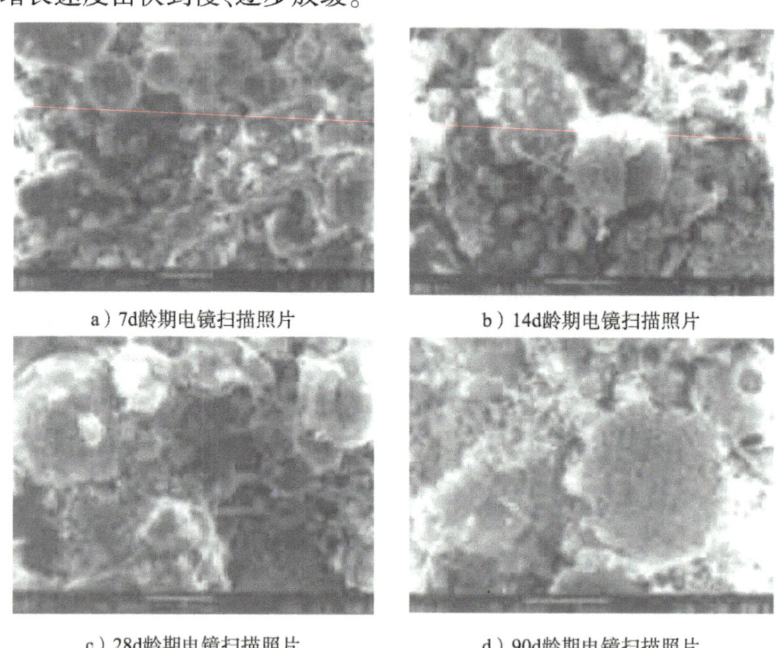

a）7d龄期电镜扫描照片　b）14d龄期电镜扫描照片

c）28d龄期电镜扫描照片　d）90d龄期电镜扫描照片

图 2-1　水泥稳定碎石混合料初期电镜扫描照片

2.2 试验路段施工期温度状况调查

为深入开展双层连续摊铺技术在半刚性基层铺筑过程中的应用研究，选取内蒙古自治区 S203 公路满洲里至阿拉坦额莫勒段开展现场铺筑试验研究，内蒙古自治区土地总面积 118.3 万 m^2，所处纬度较高，地域宽广，横跨 3 个一级自然区划（北部多年冻土区、东部温润季冻区、西北干旱区）、6 个二级区划，降水量少，全年多风，寒暑变化剧烈。考虑内蒙古的地域特征，根据温度分布概况将其划分为 4 个区划。第一区包括阿盟、巴盟、伊盟、呼包二市（呼和浩特市和包头市）及乌盟西半部；锡林郭勒盟部分地区；第二区以锡林郭勒盟为主，包括乌盟、兴安盟地区；第三区是赤峰东南部、哲盟南部；第四区是呼盟地区，包括大兴安岭地区。

对每个区划近5年来年平均温度进行调查,结果见表2-1。

内蒙古自治区近年温度调查(℃) 表2-1

区 划	2015	2016	2017	2018	2019
第一区	6.32	3.82	4.28	3.14	7.32
第二区	1.75	1.92	3.44	2.12	3.25
第三区	1.21	2.62	4.42	4.12	3.18
第四区	-5.15	-3.12	-4.12	-3.18	-2.82

由表2-1可以看到,内蒙古自治区温度变化总体上呈西向东、南向北逐渐递减趋势。其第四区隶属北部多年冻土区,年平均温度不到0℃。半刚性基层道路施工条件要求为5℃以上,由此可见,内蒙古北部寒冷地区气候温度对半刚性基层施工有着一定的影响。

试验路段位于内蒙古自治区海拉尔地区,隶属北部多年冻土区。冬季寒冷而漫长,常年多风少雨,年降水量不足4000mm。对海拉尔一年内12个月的温度进行了调查,调查数据如表2-2和图2-3所示。

试验路段位于内蒙古自治区海拉尔地区,隶属北部多年冻土区。冬季寒冷而漫长,常年多风少雨,年降水量不足4000mm。对海拉尔一年内12个月温度进行了调查,调查数据如表2-2和图2-2所示。

海拉尔月平均温度调查(℃) 表2-2

月 份	1	2	3	4	5	6	7	8	9	10	11	12
日均最高温度	-25	-20	-15	-4	8	18	24	24	11	8	-6	-17
日均最低温度	-36	-31	-28	-18	-4	3	10	12	0	-5	-17	-27
月平均温度	-31.4	-28.4	-21.5	-12.1	1.5	10.4	18.1	19.7	4.8	1.2	-12.3	-24.1

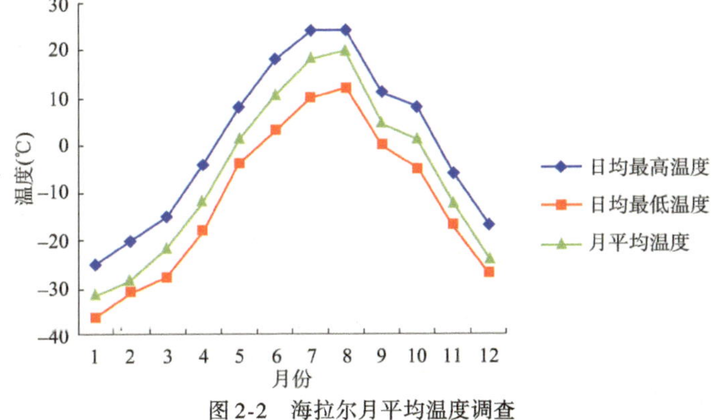

图2-2 海拉尔月平均温度调查

由图2-2可以看出，海拉尔地区全年大部分时间温度低于0℃，符合要求的施工期不足4个月，半刚性基层双层连续摊铺可以节省下基层养生时间，缩短施工工期，对该地的工程施工具有重要的研究价值。同时，相对于规范规定的20℃养生标准，海拉尔地区施工期温度不能达到要求，因此必须对不同温度条件下半刚性基层强度增长规律予以调查研究。

2.3 不同温度下水泥稳定碎石混合料强度增长规律研究

为建立不同温度条件下水泥稳定碎石混合料强度预估模型，对半刚性基层水泥稳定碎石混合料早期强度进行室内试验。由于基层是路面结构中的主要受压层，故对水泥稳定碎石混合料的无侧限抗压强度及劈裂强度进行试验。

2.3.1 材料组成

试验采用的水泥、集料均为内蒙古自治区S203满阿段使用的实际材料，具体指标如下。

1）水泥

试验采用的水泥为岭西生产的复合硅酸盐水泥，强度等级为P.C32.5，其技术指标见表2-3。

水泥检测指标　表2-3

检测项目	技术指标	检测指标
密度（g/cm^3）	—	3.1
细度（%）	≤10	5.5
标准稠度用水量（mL）	—	154
初凝时间（min）	≥45	319
终凝时间（min）	≤600	407
3d抗折强度（MPa）	≥2.5	4.2
3d抗压强度（MPa）	≥10	14.7

2）集料

试验采用的集料规格为0～4.75mm、4.75～9.5mm、9.5～19mm、19～37.5mm四个类型，其技术指标见表2-4。

集 料 检 测 指 标　　　　表 2-4

名　　称	细集料	粗集料 1	粗集料 2	粗集料 3
类型规格(mm)	0～4.75	4.75～9.5	9.5～19	19～37.5
表观密度(kg/m³)	2625	2689	2678	2688
吸水率(%)		0.71	0.92	0.82
压碎值(%)			17.1	
液限(%)	25			
塑限(%)	20			
塑性指数	5			

3)水泥稳定碎石混合料配合比设计

试验水泥用量为4.5%,设计强度2.5MPa,设计压实度97%,其技术指标见表2-5和表2-6。水泥稳定碎石混合料配合比如图2-3所示。

配 合 比 设 计　　　　表 2-5

规格型号(mm)	水泥 P.C32.5	0～4.75	4.75～9.5	9.5～19	19～37.5
质量比	4.5%	39%	21%	20%	20%

集料配合比组成　　　　表 2-6

粒径(mm)	37.5	31.5	19	9.5	4.75	2.36	0.6	0.075
通过百分率(%)	100	99.4	80.4	59.4	38.8	30.7	8.3	2.0
规范要求	100	90～100	67～90	45～68	29～50	18～38	8～22	0～7
级配上限	100	100	90	68	50	38	22	7
级配下限	100	90	67	45	29	18	8	0
级配中值	100	95	78.5	55	39.5	28	15	3.5

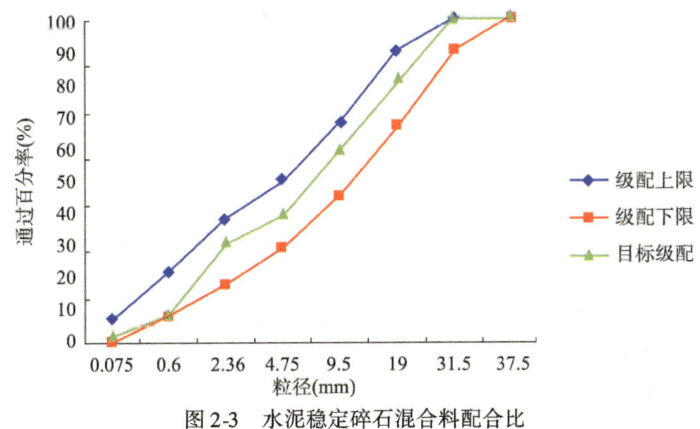

图 2-3　水泥稳定碎石混合料配合比

2.3.2 不同温度养生方案设计

满阿公路试验路水稳基层铺筑时间为 6 月初，为了研究温度变异性对路面早期强度的影响，掌握半刚性基层施工季节温度变化情况，故施工时在满阿公路试验段埋设了温度传感器，并进行了跟踪观测。图 2-4 为 6 月一天中路面基层温度、大气温度以及地表温度随时间的变化情况。

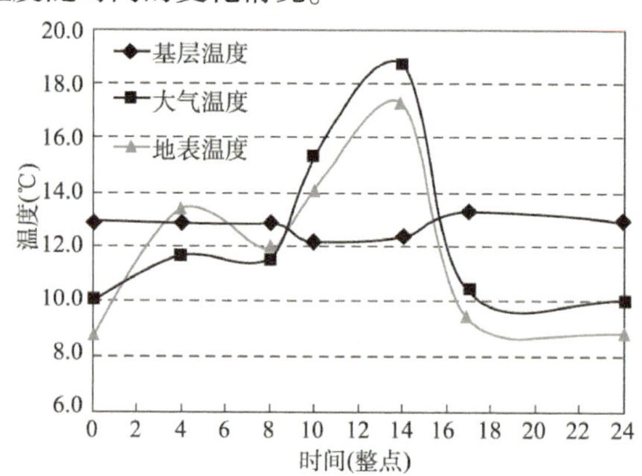

图 2-4　一天中路面基层温度、大气温度以及地表温度随时间变化情况

由图 2-4 可知，一天中地表温度与大气温度变化较大，温差在 10℃以上，早、晚气温较低，午后两点左右温度最高，而基层温度变化较小，波动范围为 12 ~ 14℃。但此时基层所处的养生环境已不能满足标准养生所需的温度条件，在这种养生条件下施工时不能采用标准养生条件下的设计强度，而是根据施工条件的不同，通过研究非标养环境温度下基层强度的增长规律，采用相应的非标准设计强度。

根据试验路段施工期间遇到的实际温度，将试件的养生环境分为以下两种：①标准养生环境，养生温度(20 ± 2)℃，相对湿度为 95%；②与实际施工环境相对应的低温环境，养生温度(10 ± 2)℃，相对湿度为 95%。原材料性质及级配等其他条件与实际工程相同。

2.3.3 抗压强度试验分析

试验依照《公路工程无机结合料稳定材料试验规程》(JTG E51—2009) T 0805—1994 无机结合料稳定材料无侧限抗压强度试验方法进行。所需仪器包括：

(1) 规格为 ϕ150mm × 150mm 的圆柱体试模。

(2) 液压力机(500kN)。

(3)养生室(10℃、湿度95%;20℃、湿度95%两种)。

(4)脱模器。

(5)路面材料强度试验仪。

(6)电子秤、游标卡尺、拌和工具等。

为得出不同龄期混合料试件强度,分为3d、7d、14d、28d龄期4组,每组9个试件,温度控制分为20℃、10℃共2组,湿度为95%。测定前1d将试件浸水一昼夜。依据T 0805—1994进行无侧限抗压强度试验,记录试件破坏时最大压力,无侧限抗压强度试验过程如图2-5所示。

a)　b)　c)　d)

图2-5　无侧限抗压强度试验

试件无侧限抗压强度按式(2-1)计算:

$$R_c = \frac{P}{A} \tag{2-1}$$

式中:R_c——试件无侧限抗压强度(MPa);

P——试件破坏时的最大压力(N);

A——试件的截面积(mm^2)。

在标准养护温度20℃和10℃环境下水泥稳定碎石无侧限抗压强度试验结果如表2-7、表2-8所示。

室内无侧限抗压强度试验(20℃)　表 2-7

龄期	无侧限抗压强度(MPa)									均值(MPa)
3d	2.94	2.54	2.45	2.84	3.04	3.08	3.42	3.12	2.99	2.94
7d	3.90	3.73	4.08	3.92	4.54	4.00	3.86	3.61	3.95	3.96
14d	5.21	5.42	4.47	4.68	4.99	5.27	5.06	5.16	4.91	5.02
28d	6.41	5.42	4.88	5.67	6.12	6.33	6.24	5.84	5.99	5.88

室内无侧限抗压强度试验(10℃)　表 2-8

龄期	无侧限抗压强度(MPa)									均值(MPa)
3d	1.42	2.26	1.82	2.45	2.13	2.22	1.94	2.34	1.17	1.97
7d	2.58	3.21	3.17	3.46	2.58	2.96	2.42	3.14	3.21	2.97
14d	4.12	4.73	4.42	3.86	4.03	4.92	5.01	4.68	4.46	4.47
28d	5.92	4.99	5.13	5.47	6.08	5.97	5.42	5.77	5.69	5.61

根据表 2-7、表 2-8,图 2-6、图 2-7 可以得出:

(1)随着龄期的增长,水稳碎石混合料无侧限抗压强度逐渐增长且增长速率逐渐放缓,低温养生条件下(10℃)7d 无侧限抗压强度为 2.97MPa,高于 2.5MPa 的设计值。

(2)3d 龄期时 10℃养生条件下试件无侧限抗压强度仅为标准条件下 67%,这是由于温度低导致水泥水化作用慢,从而强度成型慢造成的。但是随着龄期的增加,28d 龄期时低温养生条件下的试件无侧限抗压强度为标准试件的 95%,可以看出试件强度已经趋于稳定,水稳混合料强度已经成型。

(3)标准养生条件下 3 ~ 7d,水稳碎石混合料强度增长速率为 0.255(MPa/d,下同);7 ~ 14d 增长速率为 0.151;14 ~ 28d 增长速率为 0.061。可以得出,随着龄期的增加,水稳混合料抗压强度增长速率逐渐放缓。

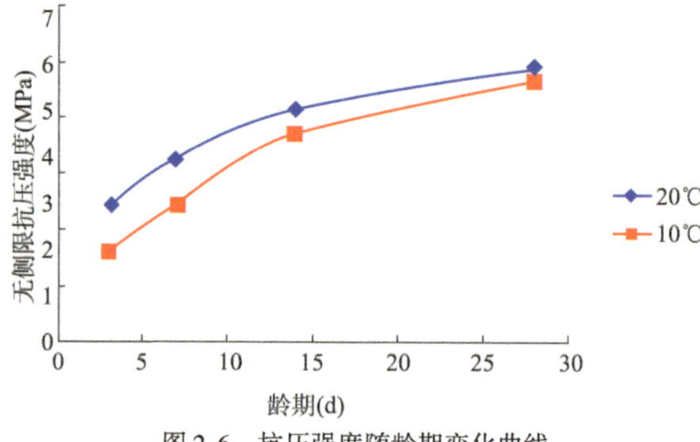

图 2-6　抗压强度随龄期变化曲线

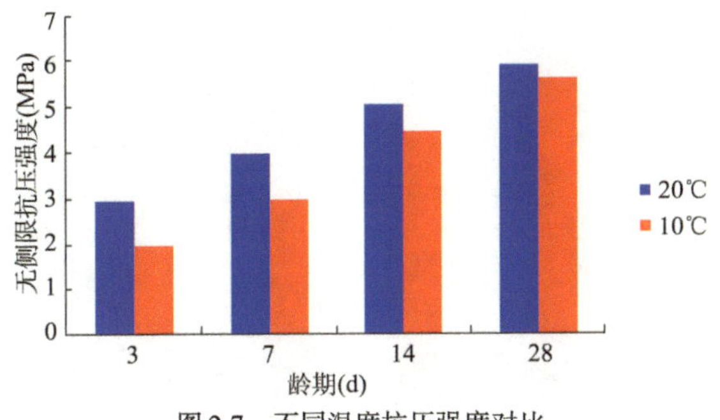

图 2-7　不同温度抗压强度对比

2.3.4　劈裂强度试验分析

试验依照《公路工程无机结合料稳定材料试验规程》(JTG E51—2009)T 0806—1994 无机结合料稳定材料劈裂强度试验方法进行。所需仪器包括：

(1)规格为 ϕ150mm × 150mm 的圆柱体试模。

(2)液压力机(500kN)。

(3)养生室(10℃、湿度 95%；20℃、湿度 95% 两种)。

(4)脱模器。

(5)路面材料强度试验仪。

(6)劈裂夹具(压条宽度 18.75mm，弧面半径 75mm)。

(7)电子秤、游标卡尺、拌和工具等。

同抗压强度试验，龄期分为 3d、7d、14d、28d 共 4 组，温度分为 10℃、20℃共 2 组，湿度 95%。测定前 1d 将试件浸水一昼夜，测量试件高度，精确到 0.1mm，依据 T 0806—1994 进行间接抗拉强度试验(劈裂试验)，记录试件破坏时的最大压力，试验过程如图 2-8 所示。

试件的间接抗拉强度按式(2-2)计算：

$$R_{\mathrm{i}} = \frac{2P}{\pi dh}\left(\sin 2\alpha - \frac{a}{d}\right) \tag{2-2}$$

式中：R_{i}——试件的间接抗拉强度(MPa)；

P——试件破坏时的最大压力(N)；

d——试件的直径(mm)；

h——浸水后试件的高度(mm)；

α——半压条宽对应的圆心角(°)；

a——压条的宽度(mm)。

a)

b)

图 2-8　劈裂试验

本文使用的是 ϕ150mm×150mm 大试件，则公式(2-2)可以简化为：

$$R_i = 0.004178 \frac{P}{h} (\text{MPa})$$

在标准养生温度 20℃和 10℃环境下水泥稳定碎石混合料间接抗拉强度试验结果如表 2-9、表 2-10 所示。

室内劈裂强度试验(20℃)　表 2-9

龄期	间接抗拉强度(MPa)									均值(MPa)
3d	0.17	0.25	0.28	0.19	0.18	0.22	0.15	0.21	0.23	0.21
7d	0.41	0.43	0.31	0.39	0.33	0.30	0.31	0.34	0.24	0.34
14d	0.45	0.42	0.51	0.51	0.49	0.35	0.39	0.45	0.41	0.44
28d	0.61	0.59	0.49	0.55	0.55	0.54	0.62	0.53	0.51	0.56

室内劈裂强度试验(10℃)　表 2-10

龄期	间接抗拉强度(MPa)									均值(MPa)
3d	0.18	0.15	0.15	0.14	0.19	0.16	0.19	0.15	0.13	0.16
7d	0.33	0.27	0.31	0.24	0.29	0.19	0.26	0.35	0.28	0.28
14d	0.34	0.31	0.42	0.39	0.37	0.33	0.44	0.43	0.41	0.38
28d	0.56	0.47	0.53	0.51	0.58	0.45	0.51	0.48	0.51	0.51

根据表 2-9、表 2-10，图 2-9、图 2-10 可以得出：

(1)低温养生条件下(10℃)较标准养生条件试件劈裂强度增长较慢，3d 龄期下低温条件下试件劈裂强度为标准条件下的 76%。

(2)标准养生条件下3~7d,水稳碎石混合料劈裂强度增长速率为0.03(MPa/d,下同);7~14d增长速率为0.014;14~28d增长速率为0.009。可以得出,随着龄期的增加水稳混合料劈裂强度增长速率逐渐放缓。

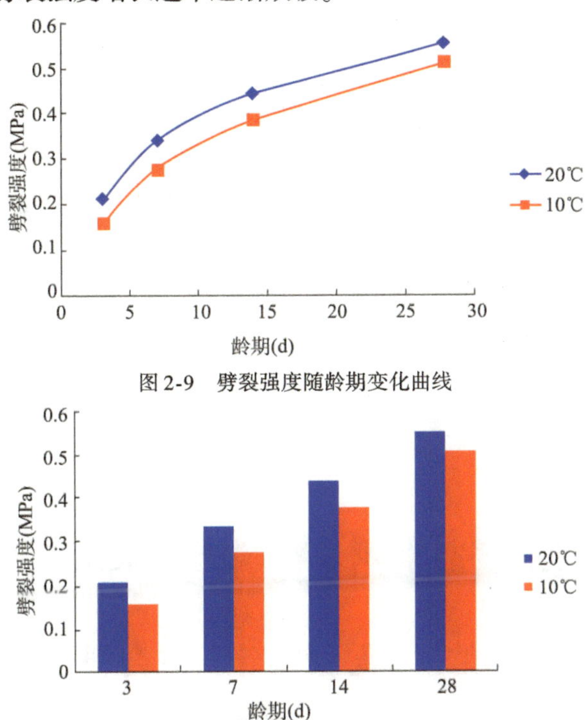

图2-9　劈裂强度随龄期变化曲线

图2-10　不同龄期下劈裂强度对比

2.3.5　寒冷地区水泥稳定材料强度标准

目前《公路路面基层施工技术细则》(JTG/T F20—2015)中采用7d龄期无侧限抗压强度作为无机结合料稳定材料施工质量控制的主要指标,并以此为基准综合考虑劈裂强度,见表2-11。

施工技术细则中水泥稳定材料7d龄期无侧限抗压强度标准(MPa)　　表2-11

公路等级	高速公路和一级公路	二级及以下公路
基层	3~7	2~6

施工技术细则中,7d龄期无侧限抗压强度采用的温度是标准养生温度(20℃),但呼蒙地区气温状况很难满足。根据试验路段温度调查分析结果可知,呼蒙地区的最佳施工季节短、早晚温差大、部分施工时间段夜间温度甚至出现负温,明显低于一

般地区施工温度和现行规范的标准温度，对强度的形成很不利，强度增长缓慢。

由低温条件下水稳混合料强度增长规律可知，寒冷地区7d无侧限抗压强度仅相当于标准养生条件下3d龄期的无侧限抗压强度。因此，有必要对寒冷地区水泥稳定碎石强度取值重新进行规定。

根据呼蒙地区温度调查分析和抗压强度、劈裂强度试验，得出呼蒙地区水泥稳定碎石7d、14d、28d抗压强度与劈裂强度取值区间，见表2-12。

水泥稳定碎石抗压强度与劈裂强度取值区间　表2-12

养生龄期(d)	抗压强度区间(MPa)	劈裂强度取值区间(MPa)
7d	3~4	0.28~0.34
14d	4~5	0.38~0.44
28d	5~6	0.50~0.56

注：设计累计标准轴次小于1.2×10^7的公路可采取低限值；设计累计标准轴次超过1.2×10^7的公路可用中值；主要行驶重载车辆的公路应用高值。

2.4 基于成熟度的半刚性材料强度预测与验证

2.4.1 基于成熟度的水泥稳定碎石混合料强度模型建立

对于同一种水泥稳定碎石材料来说，其强度增长主要和温度(T)和养生时间(D)有关。在较高的温度下水泥水化反应较快，此时水泥稳定碎石混合料强度形成快；同理，养生时间越长，则水泥稳定碎石混合料强度越高。在这里，我们可以用成熟度(M)来表示水泥稳定碎石混合料强度增长规律。

$$M=\sum f(T,D) \tag{2-3}$$

根据上节试验数据可知，温度和时间对水泥稳定碎石混合料强度的影响均呈现递增结果，且当数值过大时，水泥稳定碎石混合料强度趋于稳定。不妨将两者乘积定义为成熟度的表达式，在同一材料下，水泥稳定碎石混合料养生温度条件和时间的乘积决定材料的成熟度，成熟度的大小直接决定了混合料的强度大小。可将式(2-3)改写为：

$$M=\sum[(T-T_0)(D-D_0)] \tag{2-4}$$

式中：T_0——水泥稳定碎石混合料强度为0的养生温度(℃)；

D_0——水泥稳定碎石混合料强度为0的养生时间(d)。

根据实践表明，水泥稳定碎石混合料在拌和后其材料呈松散状态，未呈现强度,不妨假设养生天数为0时,混合料强度为0,即成熟度为0,$D_0=0$。T_0 为水泥稳定碎石混合料强度为0时的养生温度,可看作在温度为 T_0 时,混合料中的水泥并没有发生水化作用,根据目前研究表明,温度低于 -10.6℃,水泥内部的水化反应停止进行。由此可以设 $T_0=-10.6$℃,将式(2-4)调整如下:

$$M=\sum[D(T+10.6)] \tag{2-5}$$

式中:M——水泥稳定碎石材料的成熟度(MPa·d);

D——水泥稳定碎石养生时间(d);

T——水泥稳定碎石养生温度(℃)。

对不同温度(10℃、15℃、20℃、25℃)和不同龄期(3d、7d、14d、28d)下水泥稳定碎石混合料进行无侧限抗压强度试验,试验材料及方法参见2.3节。得出不同养生温度及龄期下水泥稳定碎石混合料无侧限抗压强度,计算其成熟度标准,见表2-13。养生温度与抗压强度关系如图2-11所示。龄期与抗压强度关系如图2-12所示。成熟度与抗压回弹模量关系图如图2-13所示。

温度龄期与无侧限抗压强度变化规律　　表2-13

养生温度(℃)	养生龄期(d)	无侧限抗压强度(MPa)	成熟度(MPa·d)
10	3	1.97	61.8
	7	2.97	144.2
	14	4.47	288.4
	28	5.61	576.8
15	3	2.24	76.8
	7	3.61	179.2
	14	4.62	358.4
	28	5.87	716.8
20	3	2.94	91.8
	7	3.96	214.2
	14	5.02	428.4
	28	5.88	856.8
25	3	3.12	106.8
	7	4.01	249.2
	14	5.41	498.4
	28	6.36	996.8

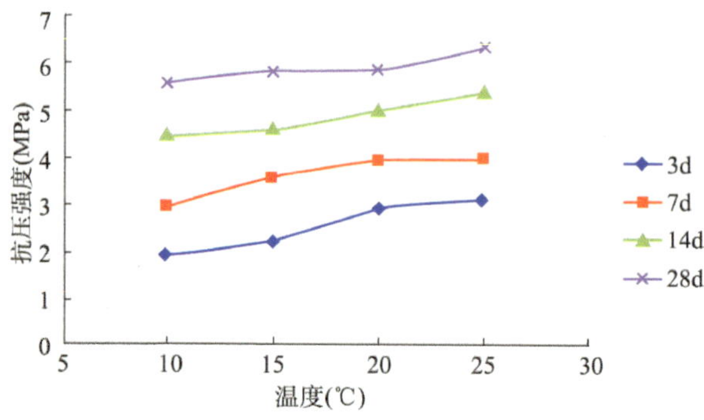

图 2-11　养生温度与抗压强度关系

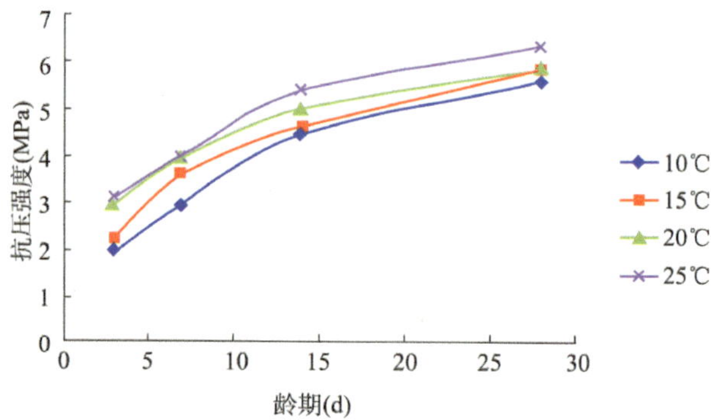

图 2-12　龄期与抗压强度关系

对表 2-13 中抗压强度及成熟度进行回归可以得到式(2-6)：

$$R_c = 0.128M^{0.573}\ (R^2 = 0.9563) \tag{2-6}$$

式中：R_c——水稳碎石抗压强度（MPa）。

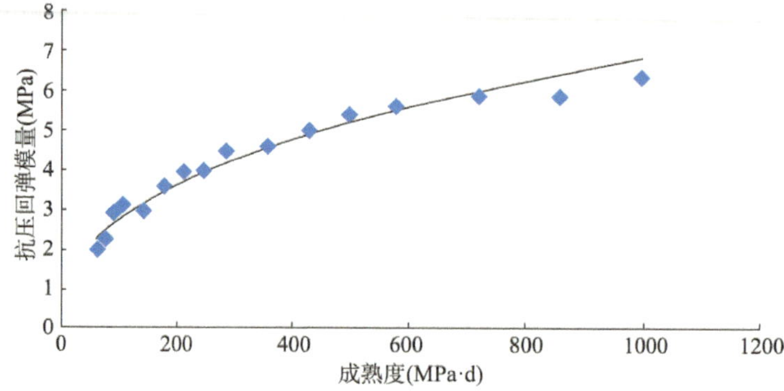

图 2-13　成熟度与抗压回弹模量关系图

2.4.2　半刚性材料强度预测与验证

为进一步验证水泥稳定碎石混合料强度预估模型的准确性，课题组以内蒙古省道203满阿公路为依托工程，对7d、14d和28d龄期后的试验路段进行钻芯取样检测，采用钻芯取样的方法取出5个试件，对其无侧限抗压强度进行检测，然后取5个试件强度的平均值，与基于成熟度的水泥稳定碎石混合料强度模型预测结果进行对比，钻芯取样过程示意图如图2-14所示，根据成熟度公式预测不同龄期的强度值与钻芯取样实测值见表2-14。

图2-14　钻芯取样

强度预测值与实测值对比　　表2-14

龄期(d)	平均温度(℃)	抗压强度(MPa)		误差(%)
		预测值	实测值	
7	22	2.84	2.77	2.4
14	21	4.15	4.27	2.9
28	21	6.18	6.32	4.2

通过表2-14可以看出，抗压强度预测值与实测值吻合度较高，误差控制在4.2%以内。因此，式(2-6)完全可以用来预测实际施工条件下不同温度不同龄期的初期强度值。

第3章 半刚性基层施工应力及位移分析

《公路路面基层施工技术细则》(JTG/T F20—2015)中规定,水泥稳定碎石基层采用分层不连续施工方法,在下基层铺筑完成后,需要进行土工布覆盖、洒水、养生7d龄期。水泥稳定类混合料普遍存在着早期强度低的缺点,因此,过早的施工会使车辆施工荷载对基层产生一定的影响,甚至使基层内部产生微裂缝,影响道路寿命。本章从内蒙古施工车辆荷载调查入手,收集分析了现行内蒙古施工车辆轴载概况;对水泥稳定碎石混合料早期抗压回弹模量进行了室内试验检测;然后根据实际工况采用ABAQUS有限元软件模拟计算了传统分层摊铺方法情况下的施工应力分布,提出传统施工方法的不合理性,对双层连续摊铺施工方法的合理性及优越性进行研究。

3.1 施工车辆荷载调查

3.1.1 全国路面施工常用车辆分析

施工期内的交通量相比开放交通后会小很多,但其荷载的大小对于路面早期强度的形成和使用寿命的长短影响巨大,施工期内车辆超载是否会对路面造成破坏,这些都是值得考虑的。施工期内在路面上行驶最频繁的就是运料车,因此对全国范围内普遍使用的公路施工运料车进行了全面调查,调查结果如表3-1所示。

全国路面运输车辆调查表　　表3-1

序号	车型名称	额定总重(kN)	前轴重(kN)	后轴重(kN)	后轴数
1	内蒙古北方重工 DFL3120B	110	37.8	72.6	1
2	解放 CA30A *	100	26.6	2×36.7	2

续上表

序号	车 型 名 称	额定总重（kN）	前轴重（kN）	后轴重（kN）	后轴数
3	楚飞东风天龙-DFL3201AX7	203	46.2	2×78.4	2
4	欧曼后双桥	250	57.8	2×96.1	2
5	黄河 JN253	187	55	2×66	2
6	济南重汽威泺 30	249	73.4	2×87.8	2
7	欧曼 BJ3259DLPKE	250	57.6	2×96.1	2
8	陕汽德龙系列 F3000	240	60	2×90	2
9	鸿达 XT3251ZZ3649W	200	50	2×75	2
10	中国重汽 ZZ3251N364GD1	250	68.1	2×90.9	2
11	星马 8×4 自卸车	310	65	2×122.5	2
12	东正华菱 8×4	310	65	2×122.5	2
13	交通 SH361	280	60	2×110	2
14	济南重汽威泺 30	250	70	2×90	2
15	东风 EQ3250GB3G 型	240	2×70	100	1
16	五岳 TAZ3313Z46D	310	2×70	2×85	2
17	徐工瑞龙系列 8×4	161.45	2×75	2×80	2
18	陕汽德龙系列 LNG	250	2×35	2×90	2
19	东风 DFL3310AX13A3 型	310	2×65	2×90	2
20	中国重汽 ZZ3317M256GD1	310	2×70	2×85	2
21	凯斯 327B 铰接式	410	50	2×180	2
22	黄河 JN360	410	50	2×180	2
23	内蒙古北方重工 DFL1120B15	120	30	90	1
24	内蒙古北方重工 ND3252B38	250	36	2×84	2
25	陕汽奥龙	250	35.1	2×107	2
26	陕汽德龙 F3000	249	42.6	2×103.2	2
27	内蒙古北方重工北奔宽体自卸车	260	55	2×102.5	2
28	济南重汽 HOWO	250	50	2×100	2

由表 3-1 可知，全国路面常用施工车辆以三轴车为主（1+2 型），占施工车辆

调查总数的78.5%，还有少量的两轴(1+1型)车和四轴(2+2型)车。施工车辆额定总重在100~410kN之间，大部分车辆额定总重在200~350kN之间，对于轴载分配来说，后轴分配轴载较多。就三轴车而言，其额定总重在245kN左右，是在施工中的主车辆类型。

根据国家标准《道路车辆外廓尺寸、轴载及质量限值》(GB 1589—2016)和交通运输部关于《超限运输车辆行驶公路管理规定》里对于最大允许轴荷限值的规定如表3-2所示。

运输车辆最大允许轴载　　表3-2

<table>
<tr><th colspan="3">类　型</th><th>最大允许轴荷限值(kg)</th></tr>
<tr><td rowspan="3">单轴</td><td colspan="2">每侧单轮胎</td><td>7000</td></tr>
<tr><td rowspan="2">每侧双轮胎</td><td>非驱动轴</td><td>10000</td></tr>
<tr><td>驱动轴</td><td>11500</td></tr>
<tr><td rowspan="4">二轴组</td><td colspan="2">轴距<1000mm</td><td>11500</td></tr>
<tr><td colspan="2">轴距≥1000mm，且<1300mm</td><td>16000</td></tr>
<tr><td colspan="2">轴距≥1300mm，且<1800mm</td><td>18000</td></tr>
<tr><td colspan="2">轴距≥1800mm(仅挂车)</td><td>18000</td></tr>
<tr><td rowspan="2">三轴组</td><td colspan="2">相邻两轴之间距离≤1300mm</td><td>21000</td></tr>
<tr><td colspan="2">相邻两轴之间距离>1300mm，且≤1400mm</td><td>24000</td></tr>
</table>

3.1.2 内蒙古自治区常用施工车辆调查

半刚性基层双层连续摊铺技术试验路段位于内蒙古自治区呼伦贝尔市，为了分析内蒙古地区施工车辆类型及轴载分布的特点和规律，我们对内蒙古范围内普遍使用的公路施工车辆进行了详细系统的调查，调查结果见表3-3~表3-5和图3-1。

常见运输车辆型号及参数　　表3-3

车型名称	空车质量(t)	载重总重(t)	后轴数	后轮组数	后轴重(kN)
厦工XGQ3750	10	56	2	双	210
宇通重工宽体YT3621	15	62	2	双	232.5
同力重工TL850	12	62	2	双	232.5
济南重汽HOWO	10	53	3	双	132.5

续上表

车型名称	空车质量(t)	载重总重(t)	后轴数	后轮组数	后轴重(kN)
内蒙古北方重工北奔宽体自卸车	15	50	2	双	187.5
陕汽奥龙	10	25	2	双	93.7
内蒙古北方重工 ND3252B38	12	25	2	双	93.7
内蒙古北方重工 DFL1120B15	5	18	1	双	135
欧曼 BJ3313DMPCC	21	85	2	双	318.7
欧曼 BJ3313DMPKC - XC	21	85	2	双	318.7
北奔 V3 重卡 ND33102D43J7	22	86	3	双	215
豪泺 ZZ3257N3847B	15	60	2	双	225
豪泺 ZZ3257N3847C1	16	55	2	双	206
豪泺 ZZ3257M3847W	15	60	2	双	225
陕汽德龙 SX32550N384C	16	55	2	双	206
黄河 JN253	10	38	2	双	142.5
星马 8×4 自卸车	5	21	2	双	78.7
解放 CA30A	—	8	1	双	60
国机重工 Gkm55C	12	32	2	双	120
五岳 TAZ3313Z46D	25	80	2	双	300
徐工瑞龙系列 8×4	25	70	2	双	262.5
奥奇重工 AZ3500	10	25	2	双	93.7
东风 EQ3250GB3G 型	25	75	2	双	281.2
凯斯 327B 铰接式	24	85	2	双	318.7

内蒙古自治区常用施工车辆后轴重区间比例表　　表 3-4

后轴重区间(kN)	≤100	100～150	150～200	2000～250	250～3000	>300	合计
种类数量	4	4	2	6	5	1	22
比例(%)	18.2	18.2	9	27.3	22.8	4.5	100

由表 3-3 可知，内蒙古自治区道路施工中运料车轴型有三轴和四轴两种，以三轴车为主，大约占调查车辆的 80%，所有车辆后轴均为双轴，吨位较大，满载质量变化范围为 18～82t，变化范围较大，主要承重轴(后轴)轴载变化为 90～310kN，轴载的最

大值超过300kN,远高于交通量计算中的标准轴载100kN。

常用摊铺机型号与参数 表3-5

型　号	摊铺宽度(m)	摊铺厚度(mm)	满载质量(t)	履带贴地长度(mm)	履带贴地宽度(mm)
LLT45	2.8~4.5	10~120	28	3000	400
LTY4500	1.5~4.5	最大120	30	3000	400
LT4	2~3.5	10~100	24	3500	400
LT6CA	2.8~4.5	10~120	32	3500	400
LTU4	2.7~3.6	10~90	29	3500	400
GLTY7500	2.5~7.5	10~300	27	4000	400
LTU125	3~12.5	最大300	38	4100	400
中大 YL37	3~12.5	最大500	42	4100	400
沃尔沃 ABG8820	2.5~8.5	10~30	38	4050	400

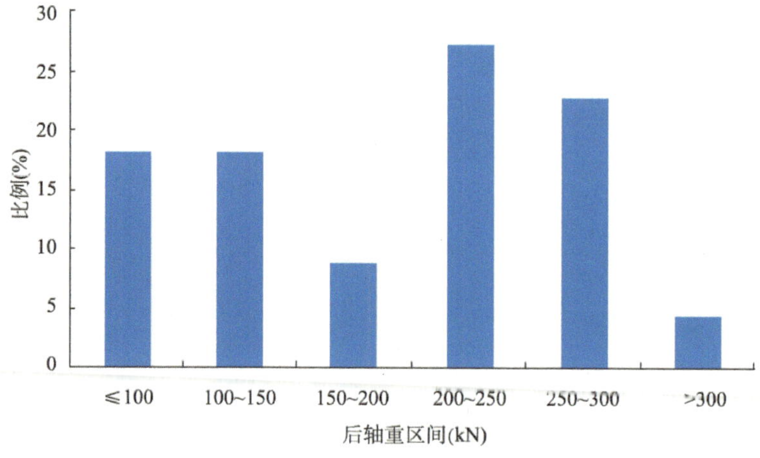

图3-1　后轴重比例变化图

由表3-4和图3-1可知,大部分轴重集中在100~300kN区间内,其中200~300kN占总量的50%,超过300kN的车型占总量的4.5%。其超载率比较严重,且往返于施工现场次数较为频繁,对施工路面造成比较大的影响。

摊铺机质量范围为24~42t,对于强度不足的下承层依然有比较大的影响,但考虑到摊铺机的接地面积较大,是否考虑其对路面应力的影响,还取决于摊铺机对路面基层产生压强的大小。

3.1.3　工地施工车辆荷载调查分析

工地运料车基本都是双后轴重型自卸式货车，轴型包含前一轴后两轴(1 +2 型)和前两轴后两轴(2 +2 型)，详细调查结果见表3-6、表3-7。施工车辆如图3-2所示。

运料车载重统计表　　表3-6

型　号	总重力(kN)	前轴重(kN)	后轴重(kN)	轴　数
豪泺 ZZ3257N3847B	593.1	78	257.55	3
陕汽德龙 SX32550N384C	559.4	73	243.2	3
豪泺 ZZ3257N3847C1	542.7	70	236.35	3
豪泺 ZZ3257M3847W	570.1	75	247.55	3
奥曼 336	850	2 ×10	2 ×325	4
奥曼 380	870	2 ×10	2 ×335	4

摊铺机作业参数　　表3-7

型　号	满载质量(t)	接地面积(m^2)
沃尔沃 ABG8820	38	1.62

图3-2　施工车辆

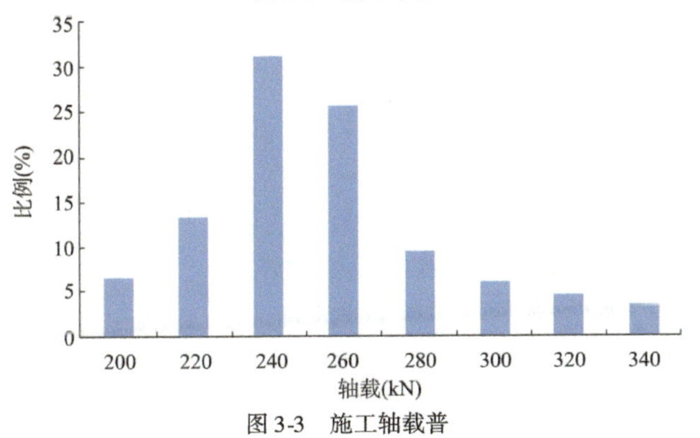

图3-3　施工轴载普

根据表3-6和图3-3可知，施工过程中最小轴载为200kN，最大轴载为335kN，轴载主要集中在220～280kN之间，240kN与260kN所占比例最大，占60%左右，远远超过了设计规范中采用的标准轴载（100kN），而施工路面由于养生周期短，实际温度低，温度强度发展缓慢，在过重的施工荷载作用下很容易发生破坏，影响早期强度，因此有必要对传统摊铺施工荷载作用下的基层应力进行分析。

3.1.4 施工车辆参数计算

根据施工车辆荷载调查结果可知，试验路段施工过程中运料车的后轴重分布在200～335kN之间，考虑到施工车辆的实际装载情况和差异性，将最大荷载放大到350kN。车辆荷载选取200kN、230kN、260kN、290kN、320kN、350kN六种荷载分别计算7d、14d、28d层底最大拉应力。

为系统分析大吨位重轴运输车对道路早期施工的影响，本书引入一种轮载与于接地面积之间换算关系的经验公式。这种方法假设双圆中心距保持不变，接地压力和接地面积均随着轴载的增加而增加。

$$A = 0.008P + 152 \tag{3-1}$$

式中：A——单轮轮胎接触面积（cm^2）；

P——单轮轮胎荷载（N）。

对上面确定的三种不同轴载下车辆接地面积进行计算，其相关参数见表3-8。

车辆轴载计算　　表3-8

轴载（kN）	轮载（kN）	接地面积（cm^2）	单轮当量圆半径（cm）	压强（MPa）
200	50	552	13.26	0.91
230	57.5	612	13.96	0.94
260	65	672	14.63	0.97
290	70	712	15.06	0.98
320	80	792	15.88	1.01
350	87.5	852	16.47	1.03

对工地上实际使用的沃尔沃ABG8820型号摊铺机对路面产生的压强进行计算，计算结果见表3-9。

摊铺机轴载计算　　表3-9

型　号	满载质量（t）	履带贴地长度（mm）	履带贴地宽度（mm）	压强（MPa）
沃尔沃ABG8820	38	4050	400	0.11

由表3-9可知，摊铺机的接地压强为0.11MPa，而根据应力传递规律，层底拉应力远小于表面接地压强，故在摊铺机作用下底基层发生弯拉破坏的可能性很小，此部分应力可以忽略不计。

因此，在进行传统摊铺下半刚性基层施工应力分析时，车辆荷载选取200kN、230kN、260kN、290kN、320kN、350kN六种荷载进行计算，对路面产生的压强分别为0.91MP、0.94MP、0.97MP、0.98MP、1.01MP、1.03MP。

3.2 传统基层摊铺方法应力分析

3.2.1 水泥稳定碎石混合料初期回弹模量试验

半刚性基层材料的强度稳定性与其养生龄期之间有着显著的关系，养生时间越长，其抗压性能和抗压回弹模量越大。我国现行的施工设计规范中对半刚性基层材料性能的计算是以混合料室内试验养生龄期为90d的回弹模量计算的，但是在半刚性基层实际施工中，由于受工期等条件的影响，我国道路施工一般是在下基层摊铺养生7d后继续进行下一结构层施工，其养生龄期远达不到规范设计的90d。

针对水稳碎石基层，以上情况可能会导致以下问题：

(1)水稳碎石基层材料配合比设计参数(7d无侧限抗压强度)与结构设计参数(90d无侧限抗压回弹模量)不匹配，材料设计与结构设计脱节。

(2)设计规范中计算的回弹模量与实际施工时混合料的回弹模量差值较大，施工车辆对未形成足够强度的道路造成内部损伤。

基于以上问题本节对水稳碎石早期抗压回弹模量进行室内试验研究，针对7d、14d水稳碎石材料回弹模量进行检验。

试验采用MTS万能材料试验系统进行，水稳混合料材料及相关参数与工程依托段相同。试件制备规格为ϕ150mm×150mm的圆柱体试件，分三组(7d、14d、28d)，每组制备6个平行试件。

试验方法参照《公路工程无机结合料稳定材料试验规程》(JTG E51—2009)进行，试件进行预压后，将预定单位压力6等分，逐次施加，记录每次弹性恢复形变数值，试验中加载速率控制在1mm/min。

水泥稳定碎石混合料抗压回弹模量可以按式(3-2)计算。

$$E_c = \frac{ph}{l} \tag{3-2}$$

式中：E_c——抗压回弹模量(MPa)；

p——单位压力(MPa)；

h——试件高度(mm)；

l——试件回弹变形(mm)。

根据上文中试验方法，检测求得水稳混合料7d、14d、28d抗压回弹模量，结果如表3-10所示。

室内抗压回弹模量试验　　表3-10

养生龄期(d)	抗压回弹模量(MPa)						平均值(MPa)
7d	986	1511	1215	1375	1217	1036	1223
14d	1547	1672	2016	1573	1875	1538	1704
28d	2143	2418	2206	1983	1407	2284	2074

由表3-10可以得出：

(1)水稳混合料抗压回弹模量随养生龄期的增加而增长，7d龄期时抗压回弹模量为1223MPa，14d龄期时为1704MPa，28d龄期为2074MPa。

(2)7~14d水稳混合料抗压回弹模量增长速度为68.7MPa/d，14~28d抗压回弹模量增长速率为26.4MPa/d，呈逐步放缓趋势，说明水稳混合料抗压回弹模量呈逐步稳定趋势。

考虑到试验数据的变异性，并结合当地气温的变化情况，总结水稳混合料抗压强度推荐值如表3-11所示。

水稳混合料抗压强度推荐值　　表3-11

养生龄期(d)	抗压回弹模量区间(MPa)	抗压回弹模量取值(MPa)
7d	1100~1400	1200
14d	1500~1800	1600
28d	2000~2200	2000

3.2.2 半刚性基层施工应力计算方法及参数确定

1)有限元基本理论

20世纪40年代初期，美国科学家Courant在解决扭转问题时首次提出有限元的概念。经过十几年的不断发展，有限元法在工程界开始应用。运用有限元法解决工程问题的基本思想是将连续的几何体分解成有限个小单元，并通过设置节点将每个小单元进行连接，能够将连续个体看作是在节点相连接的多单元的集合体，由于各个单元之间能够按照不同的组合方式进行组合，且可以通过不同的划分方式满足各个单元自身能够呈现不同的形状的要求，进而通过有限元模拟计算的方法求解不同复杂形状的求解域。

道路工程实际的路面结构是尺寸有限的多层弹性层状体系，轮胎与路面接触的轮载半径相比，可以将路面看作是半无限弹性层状体系。为了保证计算精度同时减少计算工作量，在建立有限元模型时可以将路面结构模型简化为空间轴对称模型。

利用有限元模拟分析计算时求解的不同未知量，可以将分析方法分为位移法和力法。位移法是以模型中各节点的位移为基本求解未知量，而力法则是以不同节点的节点力为基本求解未知量。位移法由于其实现电算方便简单，在工程力学分析方面得到广泛应用，本研究中使用的有限元软件 ANSYS11.0 就是采用位移法进行求解。进行求解分析的过程时，采用位移法无论是一维、二维还是三维问题的分析过程一般都需遵循以下 5 个步骤。

(1)单元划分

在应用有限元模拟分析进行单元划分工作时，将要模拟的连续几何体结构进行离散化处理，将实际连续状态的结构体用有限个结合小单元进行划分，用仅在节点处连接的离散结合单元体进行替代真实结构，并使这些划分的小单元之间按照变形协调的条件进行联系。

(2)确定位移形式

单元划分工作完成后，为了能够对所需求解的特定单元进行受力位移分析，需要将单元中的位移分布进行合理的假定，即假设模型中任意点的位移可以用节点待定位移的坐标函数表示：

$$\{\boldsymbol{d}\} = \{\boldsymbol{N}\}\{\boldsymbol{\delta}\}^{e} \tag{3-3}$$

式中：$\{\boldsymbol{d}\}$——单元划分后的模型中任一位移分量矩阵；

$\{\boldsymbol{N}\}$——形函数矩阵；

$\{\boldsymbol{\delta}\}^{e}$——单元划分后的节点的位移分量列阵。

(3)单元特性分析

在单元位移模型确定之后便可对单元进行以下三个方面的处理：

①根据应变-位移的关系将模型中任意单元的应变用此节点所对应的位移表示，因此建立矩阵方程：

$$\{\boldsymbol{\varepsilon}\} = [\boldsymbol{B}]\{\boldsymbol{\delta}\}^{e} \tag{3-4}$$

式中：$\{\boldsymbol{\varepsilon}\}$——任一点应变列阵；

$[\boldsymbol{B}]$——形变矩阵，通常是用坐标的函数表示。

②根据建立有限元模型所赋予结构材料的应力应变的物理方程关系：

$$\{\boldsymbol{\delta}\} = [\boldsymbol{D}]\{\boldsymbol{\varepsilon}\} \tag{3-5}$$

进而得到用单元节点位移所表示的应力方程：

$$\{\boldsymbol{\delta}\} = [\boldsymbol{D}][\boldsymbol{B}]\{\boldsymbol{\delta}\}^{e} = [\boldsymbol{S}]\{\boldsymbol{\delta}\}^{e} \tag{3-6}$$

式中：$\{\boldsymbol{\delta}\}$——有限元模型单元中任一点应力列阵；

$[\boldsymbol{D}]$——材料相关的弹性矩阵；

$[\boldsymbol{S}]$——应力矩阵，通常为坐标的函数。

③利用最小势能原理建立平衡方程：

$$[\boldsymbol{K}]\{\boldsymbol{\delta}\}^{e} = \{\boldsymbol{F}\}^{e} \tag{3-7}$$

式中：$[\boldsymbol{K}]$——刚度矩阵；

$\{\boldsymbol{F}\}^{e}$——节点单元的力矩阵。

(4)总体分析

结合离散体所有的平衡方程可得到如下整体平衡方程：

$$\{\boldsymbol{R}\} = [\boldsymbol{K}]\{\boldsymbol{\delta}\} \tag{3-8}$$

式中；$\{\boldsymbol{R}\}$——结构的整体荷载列阵；

$[\boldsymbol{K}]$——结构的整体刚度矩阵；

$[\boldsymbol{\delta}]$——结构的整体位移矩阵。

(5)求解方程组

添加位移边界条件，确定方程组中基本未知量，最后通过基本未知量求解得到应力应变的未知量。

2)模型建立

根据依托工程实际情况，32cm 底基层采用分层摊铺方法，其底基层上层摊铺时道路的路面结构只有 2 层，为底基层下层和土基，计算模型如图 3-4 所示，各参数见表 3-12。

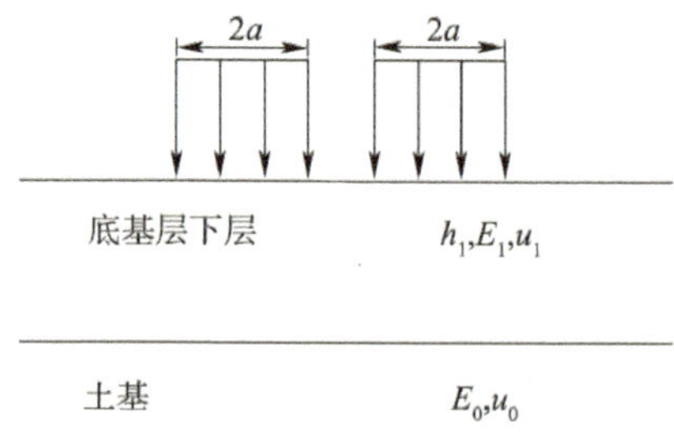

图 3-4 传统上基层施工路面结构图

各结构层计算参数　　　　表3-12

结构层名称	结构层厚度(cm)	抗压回弹模量(MPa)			泊松比	劈裂强度(MPa)		
		7d	14d	28d		7d	14d	28d
水稳碎石底基层	16	1223	1704	2074	0.25	0.28	0.39	0.56
土基		60			0.4			

根据上文所给参数,采用2D模型图,使用ABAQUS对底基层层底最大拉应力进行计算。车辆荷载选取200kN、230kN、260kN、290kN、320kN、350kN六种不同轴载,分别计算7d、14d、28d层底最大拉应力,图3-5为传统施工作业有限元计算过程。

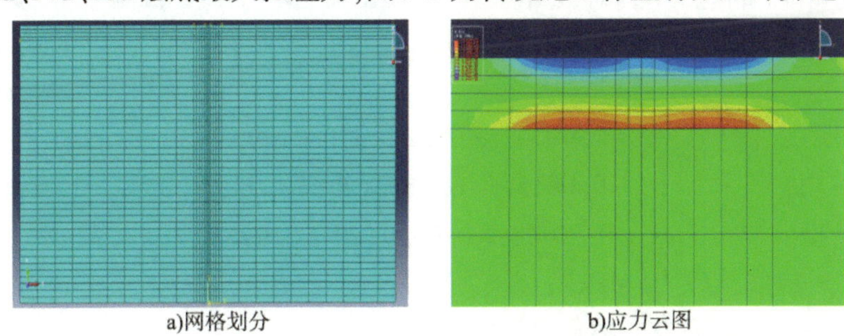

a)网格划分　　　b)应力云图

图3-5　传统施工方法有限元模拟

利用有限元软件模拟的传统施工层底拉应力计算结果如表3-13所示。

传统施工层底拉应力计算结果　　　　表3-13

养生时间(d)	施工车辆轴载(kN)	底基层层底最大拉应力(MPa)	试验测得劈裂强度(MPa)
7	200	0.11	0.28
	230	0.15	
	260	0.20	
	290	0.24	
	320	0.28	
	350	0.33	
14	200	0.16	0.39
	230	0.22	
	260	0.26	
	290	0.31	
	320	0.35	
	350	0.39	
28	200	0.30	0.56
	230	0.35	

续上表

养生时间(d)	施工车辆轴载(kN)	底基层层底最大拉应力(MPa)	试验测得劈裂强度(MPa)
28	260	0.41	0.56
	290	0.45	
	320	0.48	
	350	0.52	

从上表中可以看出,随着车辆轴载的增加,其底基层层底拉应力逐渐增加且呈线性增长趋势,养生龄期越长,其底基层抗压回弹模量越大,层底拉应力相对越大,随着龄期增长抗压回弹模量逐渐达到稳定,此时层底拉应力值最大,现对不同龄期下层底拉应力和车辆轴载关系进行线性回归,如式(3-9)~式(3-11)所示(图3-6)。

7d 龄期: $\sigma_p = 0.0014P - 0.026\ (R^2 = 0.9993)$ (3-9)

14d 龄期: $\sigma_p = 0.0015P - 0.0333\ (R^2 = 0.998)$ (3-10)

28d 龄期: $\sigma_p = 0.0017P - 0.0399\ (R^2 = 0.9988)$ (3-11)

式中:σ_p——层底拉应力(MPa);

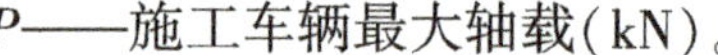
P——施工车辆最大轴载(kN)。

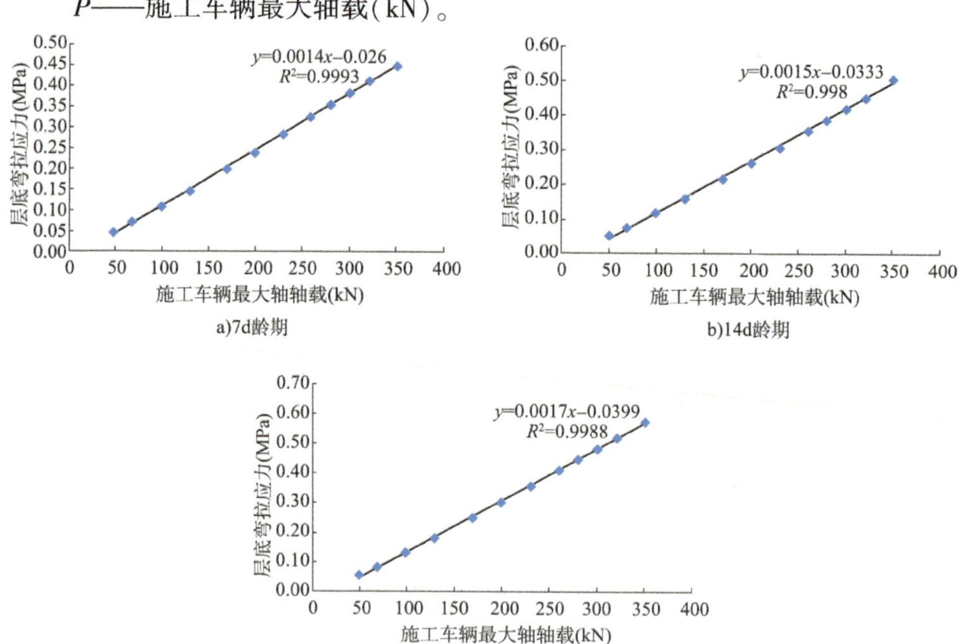

图3-6　传统施工不同龄期下层底拉应力随轴载变化规律

试验路段使用的水稳碎石底基层材料的疲劳方程为 $\lg(N_f)=8.099-6.44\times(\sigma/s)$，取应力水平为0.95时可以得出此时疲劳寿命年限内轴载作用次数为94次；取应力水平为0.9时可以得出此时疲劳寿命年限内轴载作用次数为201次。假设最不利情况下上基层摊铺时有10辆运输车辆碾压在同一轮迹上，则此时若车辆产生的层底拉应力水平为0.95时，其基层疲劳寿命损失11%，应力水平为0.9时，基层疲劳寿命损失5%。

混合料在不同龄期下的抗压强度代入上述拟合公式中可以得到：

底基层养生7d后，当施工车辆轴载为320kN时，底基层层底最大拉应力为0.28MPa，已经达到了水泥稳定碎石7d劈裂强度，若要在底基层养生7d后进行基层施工，必须控制最大施工荷载小于320kN，或者延长养生周期；否则，底基层将发生破坏。

养生14d时进行施工，施工车辆轴载为350kN时，层底拉应力为0.39MPa，超过350kN时，其层底拉应力超过试验检测标准。因此可以看出养生14d后进行上基层施工，其施工车辆轴载不能超350kN。

养生28d进行施工时，即使底基层层底拉应力达到最大值(0.52MPa)，仍然没有达到其28d劈裂强度。

因此，当采用传统摊铺方法进行施工时，应对施工轴载进行限制，底基层养生7d施工时，施工荷载要小于320kN；底基层养生14d施工时，施工荷载要小于350kN。即使底基层层底拉应力未达到其劈裂强度，由于路面强度较低，容易发生微裂缝，影响路面使用寿命，因此，有必要对施工期路面寿命折损情况进行研究。

3.3 摊铺模式对路面的影响

荷载的作用是影响路面使用性能和使用寿命的关键因素，不同的轴载对路面形成不同程度的影响。在传统摊铺的施工过程中，由于基层的强度尚未完全达到设计强度，加之施工车辆重载的存在，严重影响了路面早期强度的增长，降低了半刚性基层沥青路面的使用性能和寿命。

3.3.1 疲劳寿命计算参数

为了方便施工，每隔1000m设置出入便道，便于运输车辆、摊铺机不间断施工，尽可能减少施工车辆对底基层的影响。

一辆运料车在现场摊铺的长度可以由公式(3-12)计算：

$$L=\frac{T}{\rho HW} \tag{3-12}$$

式中：L——一辆运料车摊铺长度(m)；

T——一车水稳混合料的重量(t)；

ρ——水稳混合料堆积密度(g/cm^3)；

H——路面松铺厚度(m)；

W——摊铺宽度(m)。

则路面最不利位置施工荷载作用次数为：

$$N=\frac{1000}{L} \tag{3-13}$$

式中：N——运料车作用次数。

其中，$T=45t$，$\rho=1.6g/cm^3$，$H=22.5cm$，$W=11.25m$，由式(3-12)、式(3-13)计算可知，一车料大约摊铺11.11m，施工车辆作用次数为90次，即路面最不利位置承受施工车辆荷载90次。不同轴载车次见表3-14。

不同轴载车次表　　表3-14

轴载(kN)	<290	290	300	310	320
次数	76	8	3	2	1

3.3.2 双层连续摊铺路面寿命损伤

基层施工时，不同轴载对底基层的影响是不同的，因而寿命的损伤也是不一样的，根据前面研究可知，随着轴载的增加，对于路面的损伤越大，为定量分析施工荷载对传统摊铺路面寿命的影响，根据水泥稳定粒料类疲劳方程：

$$\log N=18.1574-18.1073\frac{\sigma}{\sigma_f} \tag{3-14}$$

式中：N——达到破坏时重复作用次数；

σ——重复弯拉应力(MPa)；

σ_f——材料极限弯拉应力(MPa)。

水泥稳定碎石材料的疲劳寿命主要取决于重复应力与材料强度之比，通常认为，当应力比小于0.5，可经受无限次重复荷载作用而不会出现疲劳断裂，即使应力比达到0.8，对于路面疲劳寿命的影响也很小。因此，我们只分析应力比大于

0.8 的施工荷载。

根据式(3-14)可以计算出不同应力比下路面基层的疲劳寿命,进而可以得到不同施工荷载下路面的寿命折损情况,详细结果见表 3-15。

不同施工荷载下路面的寿命折损情况 表 3-15

养生时间(d)	施工车辆轴载(kN)	底基层层底最大拉应力(MPa)	试验测得劈裂强度(MPa)	应力比	疲劳寿命	作用次数	寿命折损
7	280	0.23	0.28	0.82	2039	8	0.4%
	290	0.24		0.86	385	3	0.8%
	300	0.26		0.93	21	2	9.5%
	310	0.27		0.96	6	1	16.7%
	320	0.28		1	—	—	极限
	350	0.33		1.18	—	—	断裂
14	300	0.32	0.39	0.82	2039	3	0.2%
	310	0.34		0.87	251	2	0.8%
	320	0.35		0.9	72	1	1.4%
	330	0.36		0.92	32	—	—
	340	0.38		0.97	4	—	—
	350	0.39		1	—	—	极限

根据表 3-15 可知,大应力比水平下,即使荷载作用次数较少,仍对路面寿命产生较大影响。底基层养生 7d 进行施工时,路面虽未投入使用,但寿命已折损 27.4%,尤其是当轴载为 300kN 时,尽管施工车辆仅作用了一次,但对路面的寿命损伤极大,高达 16.7%,因此进行施工时应严格控制超载车辆;养生 14d 进行施工时,寿命折损较小,只有 2.4%,因此,当施工荷载较大时,可以考虑延长养生周期。

第4章 双层连续摊铺模式下半刚性基层塑性变形分析

采用双层连续摊铺施工技术在下基层摊铺压实后不经过洒水养生期，直接进行下一层基层的摊铺作业，此时下基层水泥尚未水化，水稳基层结构呈松散体，其材料相比于半刚性水稳碎石结构更加接近于级配碎石结构。在施工荷载作用下，双层摊铺模式半刚性材料发生一定程度的重新排列，产生较大的剪切变形，使半刚性基层产生较大的施工位移。

4.1 双层连续摊铺塑性变形分析

4.1.1 松散粒料变形理论分析

对于松散粒料材料，它在车辆荷载作用下表现为弹塑性行为；Fridrick Lekarp的研究表明松散粒料材料在每次车辆荷载作用下的变形如图4-1所示，包括可以恢复的弹性变形和不可恢复的塑性变形。

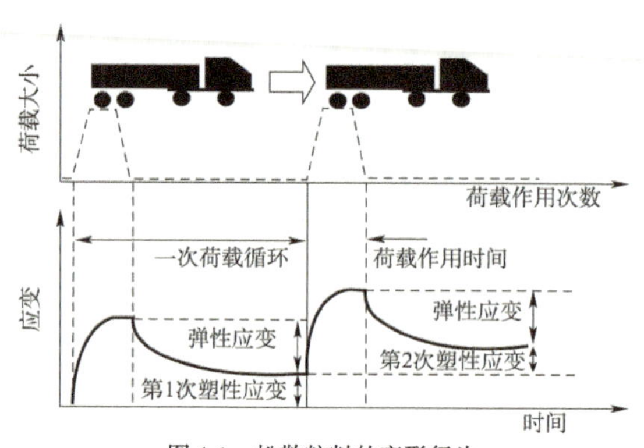

图4-1 松散粒料的变形行为

未经养生的水泥稳定结构层由于胶结能力较差，主要依靠颗粒间的相互嵌挤摩擦来抵御外界的剪切破坏，剪切破坏伴随着颗粒的破碎而产生，破碎的粒料在外力的作用下会产生相对位置的移动，进行粒料的重新排列，在重新排列的过程中会产生粒料体积的变化。

松散粒料的二次松散性在缓冲下承层不均匀沉降方面效果明显。松散体在经过崩落碎胀的一次松散压实后产生的再次破碎松散的效应称为二次松散，松散粒料缓冲沉降差异的能力主要与二次松散有关，二次松散系数公式如下：

$$K_e = \frac{V_c - V_e}{V_e} + 1 = \frac{V_c}{V_e} \tag{4-1}$$

式中：K_e——压实状态下松散体的二次松散系数；

V_c——二次松散后散体的体积（m^3）；

V_e——压实状态下散体的体积（m^3）。

松散粒料由于没有黏结料的束缚，当下承层发生不均匀沉降时，在荷载的作用下，破碎粒料会补充因沉降而产生的空隙，二次松散由此产生。对于相同量的不均匀沉降，二次松散系数较大的，发生二次松散后体积增量更大，也就能缓冲更多的沉降变形。根据散体动力学的相关理论，压实度公式如下：

$$K_{ys} = \frac{K_y}{K_s} \tag{4-2}$$

式中：K_{ys}——散体的压实度；

K_y——散体压实后的松散系数；

K_s——散体原来的松散系数。

压实度越高的散粒体其松散系数越大，二次松散后的松散体积也就越大，能够填充更多的沉降变形。因此，在基层施工中为保证这种缓冲变形能力，应尽量把粒料体压实。

松散粒料的缓冲沉降效果明显，上部无明显沉降效应不会造成顶部的应力集中，既有效地缓冲了层底变形，又能有效地抑制基层的反射裂缝。松散粒料的缓冲变性作用是由于松散粒料的二次松散是逐渐发生的。当下承层的不均匀沉降产生时，在沉降部位上部的松散粒料会首先补充沉降空隙，但由于松散粒料的骨架嵌挤作用，周围的松散粒料阻碍其下落填充，颗粒之间产生剪切应力，在荷载作用下逐渐发生剪切破坏而使得粒料得以下落填充沉降变形。所以，即使基层下部的沉降已经填充完毕,但从上部观察依然平整。

4.1.2 塑性变形影响因素分析

影响松散粒料塑性变形的影响因素是复杂多样的,总的来说有以下几个方面:作用应力、荷载作用次数、主应力轴旋转、粒料级配与含水率等。

1)作用应力

尽管影响粒料塑性变形的因素很多,但从已有研究文献来看,作用应力无疑是这些因素中最重要的。作用应力包括偏应力大小、侧限应力大小以及偏应力与侧限应力的应力比。许多研究表明未处治粒料材料的轴向永久应变及其累积同重复偏应力的大小直接相关,随着偏应力的增大,轴向永久应变量和应变累积速率相应增加。Muhanna 等采用不同的偏应力对黏土质砂进行重复荷载三轴试验,得出结论:随着加载次数的增加,轴向永久应变不断增长,作用的偏应力水平越高,永久应变越大,永久应变累积的速率越快。Werkmeiste 对松散粒料采用不同偏应力进行的重复荷载三轴试验也得到相同的结果,如图 4-2 的曲线表明,在偏应力较小时(曲线 A)轴向永久应变的累积曲线在荷载作用一定次数后趋于平缓,即此时不再产生永久应变,粒料的应变变成完全弹性的。而在偏应力较大时(曲线 C),轴向永久应变的累积曲线为上凹形,表明每一次荷载作用产生的永久应变不断增加,直到粒料出现破坏。图中曲线 B 为偏应力水平介于上述两者之间的情况,在荷载重复作用次数达到一定数量之前,轴向永久应变速率随作用次数的增加而下降到近乎不变的水平(曲线 B 的接近直线段),粒料表现出似乎达到稳定状态的性状,但随后,随着荷载作用次数继续增加,永久应变速率又出现不断增长(曲线 B 的呈上凹形段),粒料转向破坏。图 4-2 的试验曲线表明,重复应力水平的大小不仅影响永久应变量和累积速率,也影响到粒料在重复荷载作用下会出现稳定或破坏的性状。

另外,除了偏应力,侧限应力也对轴向永久应变产生重大影响。随着侧限应力的增大,粒料的永久应变量和速率相应减小,即抗永久变形能力增加。一些研究者依据试验结果认为粒料层的永久变形主要受偏应力与侧限应力的比值控制,Brown 和 Hyde 通过对轧制碎石材料的常围压(CCP)和变围压(VCP)两种室内三轴试验的分析也得到了相似的结论。有些研究者致力于通过材料最终的剪切强度来解释粒料层在车辆重复荷载作用下的永久变形行为,他们提出了静态破坏线(static failure line)作为恒定材料发生永久变形破坏的指标,但是 Lekarp 和 Dawson 提出了疑义,他们认为粒料材料在重复荷载作用下的破坏是一个逐渐累积的过程,而不是像静态破坏试验中的脆性破坏，故以引起突然破坏的极限剪切强度为基数的应力比，对于分析永久应变增长呈渐进式的粒料材料用处不大。

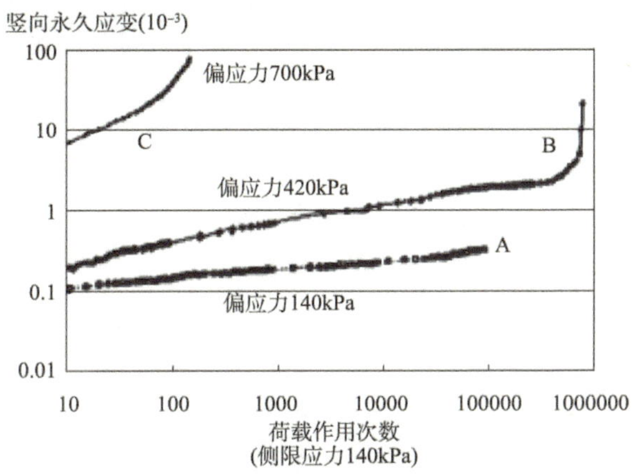

图 4-2 松散粒料在不同重复偏应力下轴向永久应变累积

2) 荷载作用次数

粒料材料的永久变形是随着荷载作用次数的增加而逐渐积聚的，因此荷载作用次数是分析这种材料长期的变形行为时的一个重要因素。很多学者对粒料材料永久变形随荷载作用次数的关系进行了系统的研究。Morgan 进行了 2000000 次的重复荷载试验，在试验结束时发现材料的永久变形还在继续增长。Barksdalecwt 研究表明粒料材料的轴向永久变形与荷载作用次数在对数坐标下呈线性关系。另一方面，Brown 和 Hyde 对级配碎石材料研究发现材料在经受 1000 次荷载作用后塑性变形率将达到一种平衡状态。Lekarp 和 Dawson 的研究表明在低应力情况下粒料层的变形会达到一种安定状态（Shakedown State），但随着应力水平的增长这种安定状态会被打破，永久变形会继续发展最终直到路面破坏。

3) 主应力轴偏转

如图 4-3 所示，粒料材料层中某单元在汽车荷载靠近、接触和驶离时，单元的主应力轴发生了偏转。其中，单元的竖向应力和水平应力为正值，而剪应力由正值变为负值。

主应力轴的偏转对粒料材料的永久变形行为有一定的影响，但由于室内三轴试验很难模拟这种应力轴偏转的现象，对这方面的研究很少，Youd 对砂土的调查表明，主应力轴的旋转能导致粒料材料密度增加。Ansell 和 Brown 对轧制石灰石的研究也得出了相同的结论。Chan 通过对轧制石灰石材料的中空圆柱体扭转试验结果表明，主应力轴的偏转能导致粒料材料永久变形的增大；当剪应力和主应力值接近时这种现象很明显，而剪应力相对于主应力很小时，主应力轴偏转对粒料材料的永久变形行为影响很小。

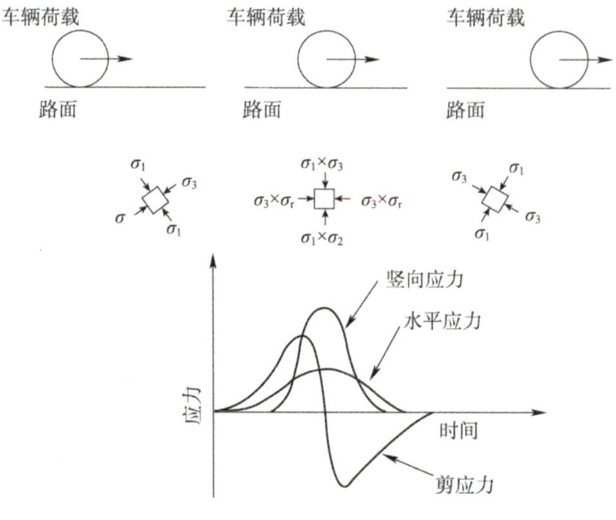

图 4-3　粒料层单元在荷载作用下的应力状况

σ_1、σ_3-主应力；σ_r-剪切应力

4）粒料级配

良好的级配可以提高级配碎石材料的抗永久变形能力，Dawson 等认为级配对永久变形的影响要大于压实度。

本书上一章中所作的永久变形试验对级配的影响也进行研究，结果表明，不同级配下级配碎石永久变形结果差异性较大，应力施加越大，差异性越显著。因此控制好级配对级配碎石永久变形极为关键。

5）含水率

经过国内外的学者们多年来的研究发现，含水率对级配碎石材料的永久变形有着较大影响，且在细料含量较高的时候体现得尤为明显。尽管粒料层内适量的水可以提供一定的孔隙水压力，从而增加粒料层的强度，但是如果含水率过高，会减少级配碎石层的有效应力并导致材料抗永久变形能力下降。含水率的影响程度通常取决于粒料中水的饱和程度。当粒料的含水率低于最佳含水率时，增加一定的含水率可以对强度和劲度产生正面的影响；当含水率增加到接近饱和时，粒料层会在行车荷载的重复作用下产生较大的孔隙水压力，从而降低其抗永久变形的能力。许多室内和野外的试验结果都表明，高饱和度和与低透水性（排水不良）的组合会产生超孔隙水压力和低有效应力，导致粒料的劲度（模量）和抗永久变形能力下降。

4.2 基于有限元理论的塑性变形计算

4.2.1 计算方法选择

双层摊铺工艺下，底基层未经过养生，容易产生较大的塑性变形，其结构特点类似于松散体。在沥青路面设计方法中，用于预估路面永久变形的方法主要有力学—经验法、三轴试验法和有限元分析法。

力学—经验法是最传统的永久变形预估方法，适用性较强，但一般只考虑有限的几个因素，还要借助三轴试验或现场实测值来确定未知参数；利用重复加载动三轴试验预估永久变形，虽能符合实际现场受力状态并评估其反应行为，且作用在试件上的加载与卸载循环达到一个相应的应力极限，随着荷载次数的增加可得到累积的塑性应变，但却需要昂贵而精密的试验设备、熟练的操作技术，而且非常耗时耗力。采用 ABAQUS 有限元模拟室内重复加载动三轴试验非常省时省力，可降低研究成本。

考虑到松散粒料的真实应力应变关系特性非常复杂，具有非线性、弹塑性、黏塑性、剪胀性、各向异性等特性，同时应力路径、土的组成、结构、状态和温度等均对其有不同程度的影响，所以本节采用 ABAQUS 有限元软件模拟路面现场施工条件，分析其在重复荷载作用下的动态响应，从而预估重复荷载作用下级配碎石材料的永久变形特性。

4.2.2 计算参数确定

4.2.2.1 非线性材料弹性模量确定

回弹模量基于弹性理论的弹性模量，但是对于大部分铺路材料并不是弹性的，荷载施加之后，总会出现一定的永久变形。然而，若应力水平较低且重复次数较多，单次荷载作用之后的永久变形可以忽略不计，弹性变形与荷载成正比，则路面材料可以看作是弹性的。但是，对于级配碎石等粒料类材料，即便在应力水平较低的情况下，其永久变形也是显著的，其变形具有明显的非线性特点。本书研究的未经养生的水泥稳定碎石材料由于水泥未产生明显的胶结作用，其性质接近于粒料类材料，因此有必要研究其非线性弹性模量。

图 4-4 所示为非线性材料制备的试件在重复荷载试验时的应变变化情况。在荷载作用的初始阶段,永久变形占总变形量的比例较大,在图中通过塑性应变来表示,随着荷载作用次数的增加,塑性应变会随之减小。在 100 ~ 200 次重复作用后,塑性应变基本消失,如图 4-4 所示 ε_r。

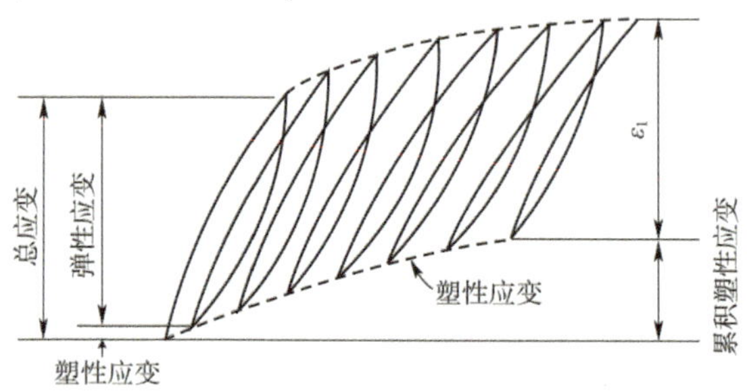

图 4-4 重复荷载试验时的应变变化情况

根据重复荷载作用下可恢复应变所得的弹性模量成为回弹模量 M_R,其定义为:

$$M_R = \frac{\sigma_d}{\varepsilon_r} \tag{4-3}$$

式中:σ_d——偏应力,在三轴压缩试验中为除去侧限压力的那部分轴向应力。

由于施加的荷载一般不大,回弹模量试验是非破损试验,同一试件可用于不同荷载情况的多次试验。

1)试验设备

非线性弹性材料的回弹模量可用重复荷载的三轴试验确定。如图 4-5 所示为 FHWA(1978)所推荐的试验装置,试件直径 102mm(4in),高 203mm(8in)。三轴容器比常用标准容器大一些,以便容纳荷载和检测设备。

2)试验方法

AASHTO(1989)在“T274-82 地基土的回弹模量”中对粒状材料的回弹模量试验作了规定。试件的准备可用如下侧限压力和偏应力的不同组合完成:

(1)设置侧限压力为 35kPa,并施加偏应力 35kPa,而后加到 69kPa,各重复作用 200 次。

(2)设置侧限压力为 69kPa,并施加偏应力 69kPa,而后加到 104kPa,各重复作用 200 次。

(3)设置侧限压力为 104kPa,并施加偏应力 104kPa,而后加到 138kPa,各重复作用 200 次。

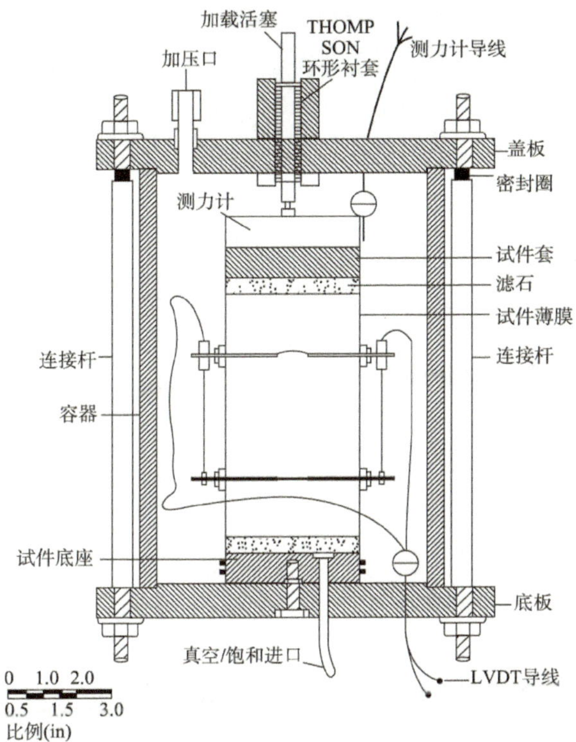

图 4-5　圆柱试件试验的三轴容器

在试件准备好之后，依次施加如下恒定侧限压力和递增偏应力，并记录各偏应力重复作用 200 次的结果：

(1)设置侧限压力为 138kPa，并施加 6.9kPa、14kPa、35kPa、69kPa、104kPa 和 138kPa 的偏应力。

(2)设置侧限压力为 104kPa，并施加 6.9kPa、14kPa、35kPa、69kPa、104kPa 和 138kPa 的偏应力。

(3)侧限压力减小到 69kPa，并施加 6.9kPa、14kPa、35kPa、69kPa 和 104kPa 的偏应力。

(4)侧限压力减小到 35kPa，并施加 6.9kPa、14kPa、35kPa、69kPa 和 104kPa 的偏应力。

(5)侧限压力减小到 6.9kPa，并施加 6.9kPa、14kPa、35kPa、52kPa 和 69kPa 的偏应力。在最后偏应力水平重复作用 200 次或当试件破坏后，停止试验。

3)试验结果

以水泥含量为 5% 的水稳碎石为例进行试验，试验结果见表 4-1。

非线性回弹模量的计算 表 4-1

侧限压力(kPa)	偏压力(kPa)	可恢复变形(0.001mm)	可恢复应变	回弹模量(MPa)	应力不变量(kPa)
138	6.9	6.732	0.066	486	145
	13.8	12.648	0.124	518	152
	34.5	30.192	0.296	542	173
	69	58.242	0.571	562	207
	103.5	87.414	0.857	562	242
	138	112.71	1.105	581	276
103.5	6.9	6.63	0.065	494	110
	13.8	13.056	0.128	501	117
	34.5	33.15	0.325	494	138
	69	63.75	0.625	513	173
	103.5	92.718	0.909	529	207
	138	116.586	1.143	561	242
69	6.9	8.262	0.081	396	76
	13.8	17.136	0.168	382	83
	34.5	44.37	0.435	369	104
	69	92.718	0.909	353	138
	103.5	98.736	0.968	497	173
34.5	6.9	12.954	0.127	253	41
	13.8	25.194	0.247	260	48
	34.5	56.712	0.556	289	69
	69	99.042	0.971	330	104
	103.5	147.084	1.442	334	138
6.9	6.9	16.218	0.159	202	14
	13.8	22.44	0.22	292	21
	34.5	68.952	0.676	237	41
	51.75	83.13	0.815	295	59
	69	36.822	0.361	289	76

2)材料抗剪强度确定

试验采用《公路土工试验规程》(JTG 3430—2020)静三轴试验测定混合料抗剪强度,材料组成及级配同依托工程段相同,不考虑水泥的影响。

(1)试件的成型

在试验过程中,试件成型的好快与否直接影响到试验结果,本书采用相应尺寸对开圆形铝制试模,为保证含水率不受影响,试模内放入乳胶膜。混合料加水密封18h后分6次倒入试模内击实,然后取下试模,将其固定在三轴仪上。

(2)应力水平的选择

试验通常对3个试样采用大小不同主应力 σ_3,哈尔滨工业大学王磊在研究中发现级配碎石层受到的主应力大小通常在10~100kPa间,故本书试验中将围压控制为50kPa、100kPa、150kPa三种大小。

(3)剪切速率

试验加载的剪切速率直接影响到混合料的抗剪强度,长安大学莫石秀采用自行开发的三轴试验剪切设备,结果发现,随剪切速率增加,抗剪强度逐渐增加,但剪切速率达到一定标准后,其抗剪强度逐渐减少,研究并得出一个最佳剪切速率1.5mm/min。本书以此作为试验加载速率。

(4)试验结果

根据试验结果,结合规范计算混合料抗剪强度及内摩擦角,见表4-2。

剪切试验结果 表4-2

编　　号	含水率(%)	剪切速率(mm/min)	抗剪强度(MPa)	内摩擦角(°)	黏聚力(kPa)
1	6.9	1.5	0.26	47.2	121

根据试验可知,混合料抗剪强度为0.26MPa,内摩擦角47.2°。

3)路面结构及相关参数确定

根据依托工程实际情况,底基层下层厚度为16cm,模型仅设底基层和土基两层。因为双层连续摊铺施工中其底基层水泥尚未水化,其底基层处于松散粒料类结构,属于弹塑性结构。

考虑本书研究主要的对象是松散基层,简化模型土基设为弹性体,底基层采用较适合岩土材料的摩尔-库伦模型。边界条件设为底面上 x、y、z 三个方向位移为0,垂直于 x 轴 x 方向固定,垂直于 y 轴 y 方向固定。其相关参数见表4-3。

各结构层计算参数 表4-3

结构层名称	结构层厚度(cm)	抗压回弹模量(MPa)	泊　松　比	内摩擦角(°)	剪胀角(°)
底基层下层	16	400	0.25	47.2	0
土基	—	60	0.4	—	—

4.2.3 塑性变形计算

应用ABAQUS有限元软件建立3m×6m×6m 3D模型,取应力水平0.9MPa,对重复荷载作用下的塑性变形进行计算,计算结果见表4-4。

塑性变形预估值 表4-4

作用次数	分次变形量(mm)	累计扰动变形量(mm)
1	3.1	3.4
2	1.9	5
3	1	6
4	0.5	6.5
5	0.3	6.8
6	0.3	7.1
7	0.3	7.4
8	0.2	7.6
9	0.2	7.8
10	0.2	8
11	0.2	8.2
12	0.2	8.4

如图4-6所示,前4次塑性变形较大,之后累积速度变缓,12次荷载作用过后,累积塑性变形量达到8.4mm。

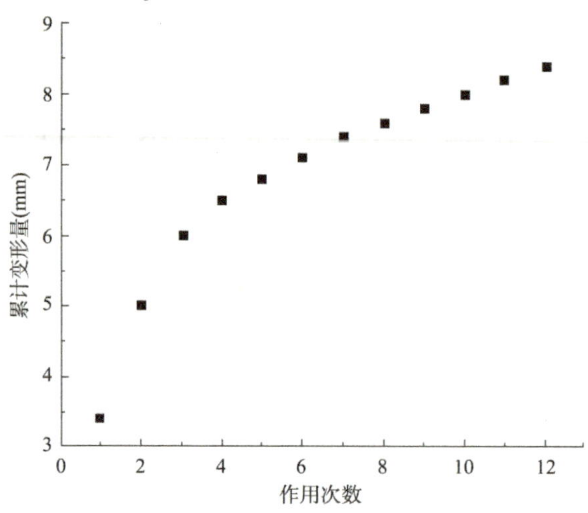

图4-6 松散粒料塑性变形预估值曲线

4.3 塑性变形室内试验测试

4.3.1 成型方式

目前关于松散粒料的室内试验成型方法主要有静压成型法、击实成型法、振动成型法、搓揉压实成型及剪切旋转成型法。

1)静压

在这一方法中,试件在一坚硬的模具中被压实,在试件的一面或者上下两面通过施加静态的压力进行成型。对于成型无黏结材料,这一方法并没有固定的标准。通过静态压实得到的压实特性以及颗粒的方向性并不反映现场压实特性,并且较大的压力会压碎粒径较大的颗粒。同时,由于颗粒与试筒内壁之间的摩擦会在试件内引起比较显著的密度梯度。

2)击实

在这一方法中试件在坚硬的模具中成型,一定质量的锤由一固定的高度下落,并分层击实一定的次数。这一成型方法的主要缺点在于集料的方向性以及分布与现场压实并不相同。因此,这样的成型方法就很难达到试验的重复性。并且以此成型方法得到的试件进行试验时,当预测应力和应变的关系,相同的级配、不同的试件得到的结果会出现一些差别。在击实成型方法中可以控制的主要变量为击实锤的质量,落锤的高度以及每层击实的次数。如果任何变量的改变可以在较低的含水率下得到较大的密度,则增大的压实功主要作用为改变材料的级配,而不是进一步压实。有研究表明,击实过程中将大的集料击碎,通常重型击实可使试件中1.0~1.5mm 以上的颗粒含量减少 15% ~20%,从而改变原来良好级配并影响嵌挤作用发挥。

3)振动

在这一方法中,试件放置在坚固的模具中,在材料的表面放置一重物。试筒的外壁被轻击后,整个试筒以及试件放置在振动仪器上振动成型。振动成型方法已经成功地应用于压实干燥且具有黏结性的土壤、砂。手动控制的振动仪器的出现使得振动成型方式得到广泛的应用。通过使用振动成型方法可以减少试件级配的改变。

振动成型与击实成型相比,粗集料之间相互嵌挤较好,能够充分发挥骨架的强度,细集料作为填料能充分填充骨架的空隙。振动成型的方式与现场施土的方式相近。在实际柔性基层施土中,振动击实时,由于振动轮的振动使其对地面作用一个往复的冲击力。振动轮对地面冲击压实一次,被压实的材料中就产生一个冲击波。同时,这个冲击波在被压实的材料内沿着纵深的方向扩散和传播。随着振动轮的不断振动,冲击波也将不断产生和持续扩散。被压实材料的颗粒在冲击波的作用下,由静止的初始状态逐渐进入动摩擦状态。被压实的材料在冲击波的作用下产生了运动,带来了颗粒之间的初始位置的变化,并由此而产生了相互填充的现象。在振动压实后,由于颗粒之间的相对位置发生了变化,出现了相互填充现象,颗粒之间的间隙减小。较大颗粒之间的紧密接触也增大了被压实材料的内摩擦阻力,使基础的承载能力随之提高。

4)旋转压实成型

在这一压实方法中材料被放置在坚硬的模具中,在倾斜一定的角度后对试样施加给定的应力。模具在施加的应力下以一个角度旋转直到达到要求的密度。旋转压实仪主要运用于沥青混合料。研究表明,使用这一方法成型无黏结材料也能得到良好的效果。成型时施加的应力、时间以及旋转的次数都可以改变以得到特定含水率下所预期的密度。美国 Texas 州交通研究所的研究人员 Moore 和 Milberger 经过调查发现当试件的高度和直径的比例低于 1.4 时,通常能够得到比较均匀压实的试件。

5)搓揉压实成型

传统的压实机械如羊足碾和橡胶轮胎压实施加的荷载不大,但它们具有搓揉的功效。具有代表性的搓揉压实方法为 AASHO T-173。虽然这一压实方法成型的试件很好地表现了颗粒的现场的分布以及方向性。但是需要一些手工成型,因此运用得不多。

6)重复加载成型方法选择

何兆益在对两种级配的松散粒料进行重型击实和振动成型对比研究时得到结论,采用振动成型可以得到与重型击实相近的密度和最佳含水率,但密度略高于击实成型 3% ~5%,最佳含水率则基本相近(振动略高),而 CBR 值却大大高于击实成型。松散粒料属嵌挤密实型结构,其强度主要来自集料良好级配提供的集料嵌锁力的作用。击实成型的主要缺点是击实过程中将大的集料击碎,从而改变原来良好的级配并影响其嵌挤作用的发挥。振动成型不仅可以保持原来良好的级配,使集料获得良好的嵌挤,且更符合工地实际的压实工艺。

根据上述各种成型方式优缺点的介绍以及现有的试验条件,本书研究用重型击实法成型试件。采用大试筒的重型击实。击实锤的直径5cm，锤质量4.5kg，落高45cm，试筒直径15.2cm，高12cm，体积2177cm^3，击实分三层加料，每层击实次数为98次，击实功2677kJ/m^3。

4.3.2 试验方案

进行室内试验前制定详细的试验方案，以保证试验结果的可靠性、可用性并以试验的简便性为原则。考虑到级配碎石粒料体塑性变形特性的主要影响因素，试验方案制订中需要考虑以下内容。

1）试验设备

级配碎石层松散粒料永久变形试验均在美国生产的MTS810（Material Test Systerm）材料试验机上进行如图4-7所示。该仪器利用电液伺服闭环系统对路面材料进行等速率贯入加载，此套设备可以由计算机精确控制荷载并能自动采集变形数据。计算机控制软件里提供各种加载波形和数据采集模块，具有强大的人机交互操作界面，可根据试验需要自行编制加载程式，通过对加载波形参数设置可以实现各种加载模式组合，试验结果通过数据采集系统全自动记录。

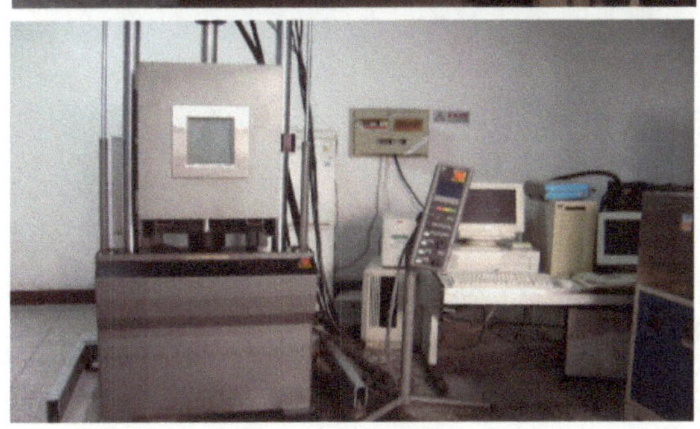

图4-7 材料试验系统

2)加载波形、频率

加载时间是重复贯入动态测试永久变形的一个重要参数。加载时间用荷载作用频率来表征,其大小受车辆行驶速度、路面平整度及路面厚度等因素影响。目前,室内重复加载的方法测定松散粒料永久变形试验常用的加载时间为0.1s,间歇时间为0.9s,重复荷载周期为1s。这是国外有关研究考虑了高等级公路上设计车速和设计车头间距后的建议值。

加载波形是动态测试松散粒料永久变形和动态回弹模量的另一个重要参数。动态试验的荷载波形与静态不同,它是以路面上实际荷载波形为依据,一般认为,在与汽车荷载中心有一定距离时,路面的应力为零,当在荷载中心时路面的应力最大。因此可用半正矢波、Haversine半正正弦波或者三角波三种形式的荷载波形进行拟合。研究表明,可以用三角波或者Haversine函数模拟路面的冲击荷载。比较三种波形的荷载曲线形式,Haversine波形最接近实际路面上的荷载波形,从试验角度,半正弦波生成比较容易。采用半正矢波Haversine和加载时间0.1s,间歇时间0.9s是对路面结构所受动力荷载的一种近似处理,能够相对比较真实地模拟路面结构存行车动力荷载作用下的受力状态。

因此本书测定松散粒料级配碎石选用了上述重复加载试验方法,通过MTS810(Material Test Systerm)材料试验机对试件进行重复加载试验。MTS810材料试验机通过对计算机控制软件控制加载由液压伺服系统进行加载,施加动荷载比较方便,本试验研究实际荷载加载频率为10Hz,比较适合MTS810材料试验机试验系统的要求。在MTS810材料试验机上进行松散粒料级配碎石层永久变形的测定时,其动态荷载Haversine半正矢波在一个加载周期内函数表达见式(4-4),荷载波形曲线如图4-8所示。

$$P_{(t)} = \frac{P_0}{2}(1 - \cos wt) + P_c \tag{4-4}$$

式中:P_0——荷载振幅;

P_c——预加荷载。

3)试验条件

对于弹塑性松散粒料来说,其应力应变曲线不是线形变化的,荷载越大,混合料的塑性性能越突出。因此,对于重复加载试验来说,选择何种加载应力水平应根据路面结构在车辆荷载作用下的应力状态确定。根据经验及实际工况条件,本次试验选择加载正矢波应力幅值大小为1.0MPa。具体参数如表4-5所示。

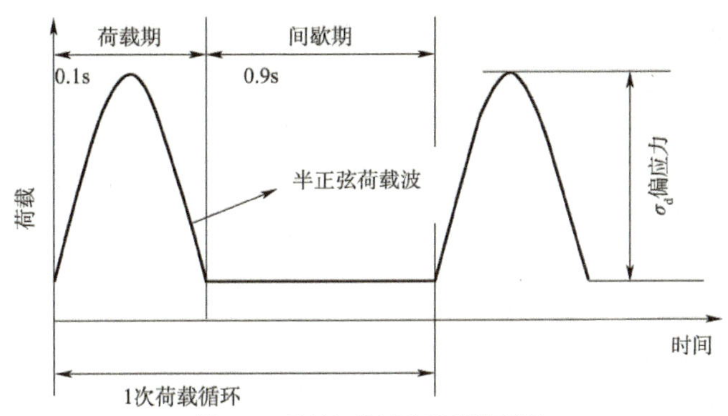

图4-8　重复加载试验荷载波形图

重复加载试验参数水平表　　表4-5

试验因素	参数水平
加载波形	半正弦波，0.1s 加载时间，0.9s 间歇时间
应力水平	1.0MPa
荷载作用次数	12 次
压实度	不小于97%
含水率	最佳含水率

4.3.3　重复荷载下塑性变形试验

1）原材料性能指标

试验采用集料规格分为0～4.75mm、4.75～9.5mm、9.5～19mm、19～37.5mm四个类型规格，其基本性能指标测定结果如表4-6所示。

集料基本性能指标　　表4-6

名称	细集料	粗集料1	粗集料2	粗集料3
类型规格（mm）	0～4.75	4.75～9.5	9.5～19	19～37.5
表观密度（kg/m^3）	2625	2689	2678	2688
吸水率（%）	—	0.71	0.92	0.82
压碎值（%）	—	—	17.1	—
液限（%）	25	—	—	—
塑限（%）	20	—	—	—
塑限指数（%）	5	—	—	—

2)配合比设计

水泥稳定碎石的配合比如表4-7所示。

水稳基层配合比 表4-7

规格型号(mm)	水泥 P.C32.5	0~4.75	4.75~9.5	9.5~19	19~37.5
重量比	4.5%	39%	21%	20%	20%

根据试验结果,混合料最大干密度2.232g/cm^3,最佳含水率6.2%。

3)试验参数设定

在控制软件中输入试验参数,主要包括:应力水平、试验频率、试验波形(半正弦波)、加载频率、数据采集内容以及采集密度等。在试验荷载设置时,设置正弦荷载的最小荷载为最大荷载的15%,并在试验开始前,以最小荷载对试件进行预加载,使试件和压头加载设备之间接触良好。

4)塑性变形

加载程式采用应力模式,各传感器通过数据采集卡直接和计算机相连接,数据采集结果直接存入计算机指定的数据文件里面。为了准确反映级配碎石粒料在行车荷载作用下的变形特性,对数据都进行了加密采集,最后通过Excel软件方便处理和分析应力和应变的时程曲线。通过对粒料进行重复荷载试验,在不同荷载作用次数的正矢波荷载作用下,得到粒料的回弹变形以及塑性变形。对数据进行科学的处理,建立塑性变形与荷载作用次数之间的关系。

4.3.4 试验结果分析

在固定应力水平下进行塑性变形试验,试验结果如表4-8所示。松散粒料塑性变形曲线如图4-9所示。

松散粒料变形量实验值 表4-8

作用次数	分次变形量(mm)	累计总变形量(mm)	作用次数	分次变形量(mm)	累计总变形量(mm)
1	1.8	1.8	7	0.15	4.075
2	1.085	2.885	8	0.129	4.204
3	0.437	3.322	9	0.087	4.291
4	0.204	3.526	10	0.082	4.373
5	0.246	3.772	11	0.077	4.45
6	0.153	3.925	12	0.068	4.518

续上表

作用次数	分次变形量(mm)	累计总变形量(mm)	作用次数	分次变形量(mm)	累计总变形量(mm)
13	0.061	4.579	17	0.042	4.772
14	0.055	4.634	18	0.039	4.811
15	0.051	4.685	19	0.036	4.847
16	0.045	4.73	20	0.033	4.88

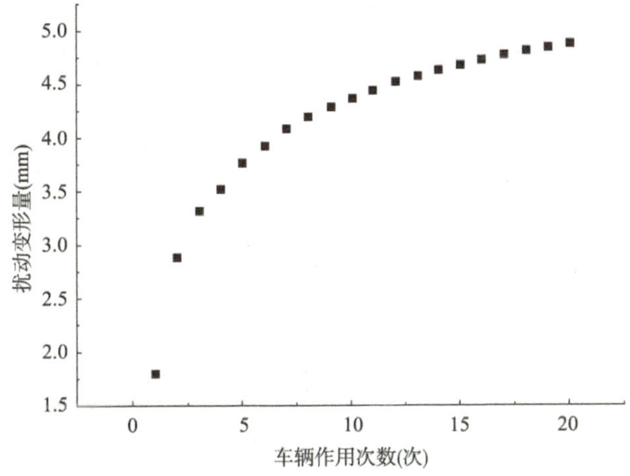

图4-9　松散粒料塑性变形曲线

由试验结果可知，塑性变形量随着作用次数的增长而增大，但是变形量的增长速度逐渐变缓，并趋于一固定值。大部分的塑性变形量是在重复作用最初8次内完成的，达到了作用次数为20次变形量的86%，而且10次之后变形量的增长速度明显变缓，最大变形量在5.0mm左右。

4.4　运料车作用下扰动位移实测分析

4.4.1　运输车作用次数确定

半刚性基层双层连续摊铺采用全幅流水作业，两台摊铺机同时作业，一台摊铺下基层，另一台摊铺上基层，两台摊铺机之间留有一定工作空间，便于碾压设备及时压实水泥稳定混合料。由于水泥稳定基层未经过一定龄期的养生，强度未能达到传统摊铺对于下承层的要求，故在进行上基层施工时，运输车辆难免对下基层产生一定的影响，主要表现在竖向塑性变形增加，影响上基层平整度。如图 4-10 所示为试验段施工现场。

a)

b)

图 4-10 试验段施工摊铺现场

为了方便施工，每隔 100m 设置出入匝道，便于运输车辆、摊铺机不间断施工，尽量减少对下基层的扰动。

根据 3.4.1 计算结果可知，一车料大约摊铺 11.11m，100m 大约需要 9 车料，即路面最不利位置需经过 9 次运输车的重复荷载作用。

4.4.2 现场实测分析

在试验段上取断面 K130 + 040，采用 3m 直尺对路段横向进行连续 3 尺检测；上层摊铺过程中，每次在运输车辆压过后，对上次测量的 3 个断面，采用 3m 直尺进行横向连续 3 尺检测（图 4-11），以确定运输车辆对摊铺层的平整度扰动情况（图 4-12）。现场检测数据如表 4-9 所示。

a)

b)

图 4-11 连续 3 尺检测

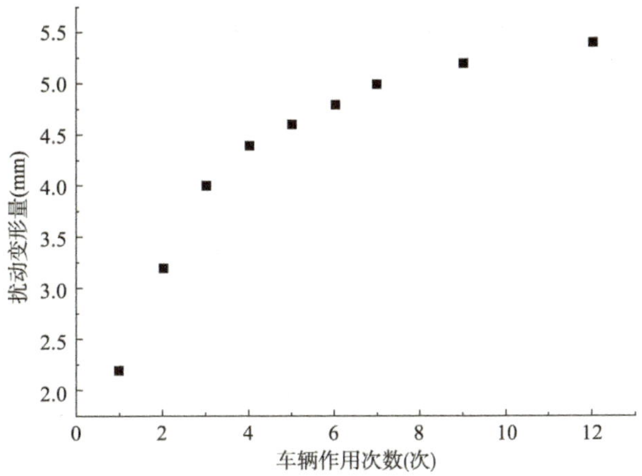

图 4-12　扰动变形量随车辆作用次数的变化关系

K130 +040 扰动变形量现场实测值　　表 4-9

作用次数	分次变形量(mm)	累计扰动变形量(mm)	作用次数	分次变形量(mm)	累计扰动变形量(mm)
1	2.2	2.2	6	0.2	4.8
2	1	3.2	7	0.2	5
3	0.8	4	8	0.2	5.2
4	0.4	4.4	9	0.2	5.4
5	0.2	4.6			

由以上数据可以看出，实际工况下扰动位移量的增长规律与预估值和室内试验一致，随着运输车辆作用次数的增加而增加，并且增加的速度越来越慢，最终逐渐趋向于一固定值，竖向变形即不再增加。由于实际工程条件与测量设备精度的影响，试验数据具有一定的波动性。

4.5 塑性变形对比分析

对比结果如图 4-13 所示。

由图 4-13 可知，在重复荷载作用下，半刚性基层竖向位移的增长规律相同，都是随着运输车辆作用次数的增加而增加的，并且增加的速度越来越慢。室内试验值与实测值比较吻合，预估值比实测值高 3mm。

根据现场车辆作用所得塑性变形数据知，运料车作用 9 次之后扰动累计变形量达到 5.5mm，满足施工规范平整度要求。

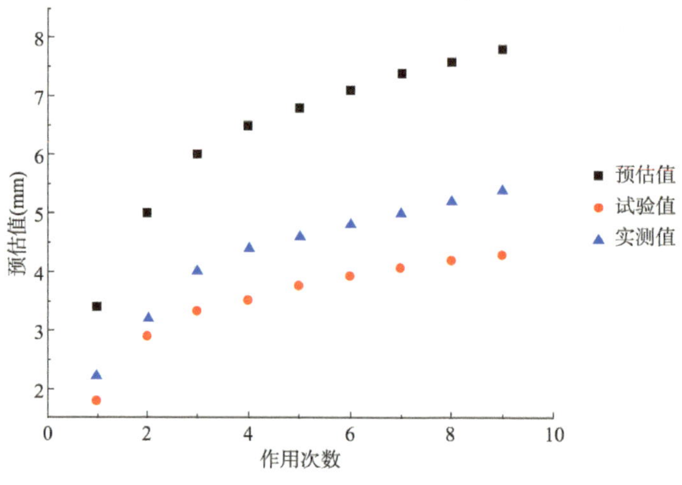

图 4-13　不同作用次数塑性变形关系对比图

4.6　半刚性基层施工位移模型构建

研究双层摊铺模式下松散粒料施工位移的主要目的是建立可以预估施工位移累积的本构关系模型，以便可以更好地控制施工质量。模型主要考虑不同性质和状态的粒料的塑性变形，如何随荷载作用次数的增加而逐渐累积的规律，以及不同应力状况所起的作用。所以建立模型的种类有：①塑性变形与荷载作用次数之间的关系；②塑性变形与不同应力水平之间的关系；③塑性变形累积与荷载作用次数、应力水平综合作用的关系。

4.6.1　塑性变形预估模型及评价

目前研究松散粒料塑性变形的预估模型比较多，分别属于不同的研究方法，主要根据塑性应变与轴载作用次数的关系曲线的形状，将路基土塑性变形预估模型可以分为双曲线模型、半对数模型、指数模型（也称对数模型）、VESYS 模型、OSU 模型、三参数模型、折线对数模型（四参数）、屈服面模型、Shakedown 模型。以上各模型，除屈服面模型利用了塑性力学理论以及 Shakedown

模型利用了 Shakedown 理论外，其他大多是纯粹通过对试验数据的数学回归得到的。

1）Sweere 和 Barksdale 模型

模型仅通过室内重复加载三轴试验得到粒料永久变形应变与重复荷载作用次数之间的简单的经验关系。这两个模型表示永久变形会随着重复荷载作用的次数的增加无限累积。但许多研究结果表明，当作用的重复应力保持在某一水平时，所产生的永久变形会停止增加，达到平衡状态。所以这两种模型不能精确预估级配碎石粒料层永久变形随荷载作用次数的发展规律。

2）Tseng 和 Lytton 模型

参数包括回弹应变、含水率、偏应力、体积应力和动回弹模量。动回弹模量可以包含其他参数的影响。因此，该公式涉及的参数是全面的。也正因为如此，AASHTO 2002 模型在该模型基础上建立。该模型唯一的缺点是需要进行动三轴试验测试出动回弹模量。

3）Cardo 和 Witczak 模型

参数包括 CBR、第一主应力及摩擦角 θ。该公式将偏应力和围压的影响统一在第一主应力中。但实际上，偏应力的影响很大，而围压的影响很小。因此，该模型不单独体现偏应力也是不合适的。

4）Muhanna 模型

参数包括应力水平、孔隙率、含水率和最佳含水率。应力水平为偏应力与静强度的比值。静强度可以包含干密度、液限、塑限、细粒含量、黏粒含量等参数的影响。因此，该模型还是比较完善的。唯一的缺点就是需要进行静三轴试验，以确定静强度。

5）Wolff 和 Visse 模型

Wolff 和 Visse 模型虽然修正了 Sweere 和 Barksdale 模型，有较高的准确性。但该模型是采用重车模拟设备（HVS）在足尺试验段进行数百万次作用后，根据试验路数据的统计规律得到的，该模型预估永久应变的准确度与室内动三轴试验相比较差，而且其关系式同样暗示了永久应变会随荷载作用次数无限累积，有着同 Barksdale 及 Sweere 模型相似的缺点。

6）Ayres 模型和 AASHTO 2002 模型

Ayres 在 Tseng and Lytton 模型的基础上将粒料材料的永久变形模型和路基土的永久变形预估模型归并到一个模型上建立了 Ayres 模型。他在回归新模型参数时没有将体应力和偏应力考虑到模型中去。但是 Ayres 模型、AASHTO 2002 模型及 Tseng 和 Lytton 模型一样，通过室内试验结果建立了塑性应变弹性应变比与荷载轴次之间的关系，既考虑了碎石材料的非线性应力依赖特性，同时还建立了材料物理特性与模型参数之间的关系。AASHTO 2002 模型、Ayres 模型和 Tseng 和 Lytton 模型一直被 AASHTO 2002 柔性路面设计指南所应用，而且在不断地通过试验路修正。可以说这三种模型是目前最适宜于对粒料材料呈永久变形量进行预估的理论模型。

7）魏密模型

魏密模型是在选定 AASHTO 2002 粒料永久变形预估模型作为室内重复荷载动三轴试验结果的分析模型，并根据试验采集的永久变形曲线利用非线性最小二乘法拟合出了粒料材料弹塑性应变比与荷载作用次数、回弹模量和含水率三参数之间的永久变形预估模型。通过回归模型的相关性分析和方差分析表明，该模型具有较高的拟合准确性。

4.6.2 塑性变形模型的选择

影响永久变形的因素主要有碎石材料的应力状态、物理状态（如含水率、干密度）、类型、荷载循环作用次数。具体的影响参数一般有：偏应力、围压、含水率、干密度（或压实度）、最大干密度、最佳含水率、液限、塑限、细粒含量、黏粒含量等。偏应力是极为重要的一个参数，作为本构模型，没有偏应力应该是不完善的。相对于偏应力的绝对值，采用应力水平更能反映偏应力对于永久变形的影响。有的模型（如 AASHTO 2002 所采用的模型）不用偏应力，但引入了回弹应变，其实本质上没有根本的差别。

主要根据影响级配碎石材料永久变形的因素，可以将粒料永久变形的模型分为与荷载作用次数之间的模型；与不同应力水平之间的模型；与荷载作用次数、应力水平综合作用的模型。以上模型大多是根据试验数据得到的永久变形与各影响参数的关系的曲线形状通过数学回归的方式得到的，对于模型的优劣的判断主要比较以下几个方面：

1）设计部门在使用时所需进行的参数测试试验是否简单

设计部门在使用时所需进行的参数测试试验越少、越简单越好。具体地，如是否需要进行静三轴试验，是否需要进行重复加载动三轴试验以及需要加载的次数的多少。但是，使用越方便的模型包括的参数越多，形式越复杂，建立模型时所需进行的试验就越多，且会给公式的推导带来巨大的困难。

2）是否具有理论依据

模型参数的物理意义是否明确，模型建设过程中参数设置是否健全；因为大部分模型公式是根据试验数据的数学回归得到的，总是避免不了存在一定的误差，这类模型与根据塑性理论或 Shakedown 理论等力学理论加上试验数据两方面共同得到的模型相比,其可靠性相对较差,所以说有理论依据的模型更加可靠。模型中的参数应尽量涉及较为全面的应先因素,这样才能更为准确地描述材料永久变形特性。其中,应力对于永久变形影响很大,不含有应力的模型不是真正意义上的本构模型。因此,与应力相关的参数在建模过程中必须考虑全面。当然,用回弹应变来代替偏应力基本可以达到相同的效果。

3)应力是否直接包括在模型中

应力对于永久变形影响很大,不含有应力的模型不是真正意义上的本构模型。因此,应力不能仅包括在一些参数的确定上。当然,用回弹应变来代替偏应力基本可以达到相同的效果。应力与回弹应变具有比例关系。

4)模型曲线是否与材料的真实变形曲线相吻合

这种吻合不仅包括曲线发展趋势的吻合,同时在数值上也应当相同或者说差别很小。这样的模型曲线才能更好地对材料层永久变形进行准确的预估。

5)模型是否经得起试验路的考验

因为进行永久变形预估模型研究的目的主要是用于实际工程当中,所以在研究的最后必须将理论结果与实际相联系,如过模型经过试验路的研究能够较为准确地预估粒料层永久变形,那么这样的模型无疑是工程中最后需要的。

针对以上因素的考虑,本书借鉴前人已有研究成果的基础上,分析不同因素对粒料永久变形的影响,以及根据 MTS 重复加载的室内试验数据研究选定 Wolff 和 Visser 永久变形预估模型,该模型是通过采用 HVS 对试验路进行加载的数据获得的,用于对本书的试验路永久变形进行预估是比较合适的。

4.6.3 塑性变形预估方程

通过对级配碎石粒料 MTS 重复加载永久变形曲线分析研究认为 Wolff 和 Visser 永久变形预估模型与试验实际测的结果比较吻合。本节拟采用这个模型,由室内重复加载试验及现场实测的塑性变形数据建立相应的目标函数,得到双层摊铺模式下下承层施工位移预估模型参数。

$$\varepsilon = (cN + a)(1 - e^{-bN}) \tag{4-6}$$

式中:ε——材料累计变形量;

N——重复荷载加载次数;

a、b、c——材料参数。

本节用 origin 数据分析软件对室内模拟试验及现场实测数据参数进行非线性回归拟合,拟合结果见图 4-14、图 4-15。

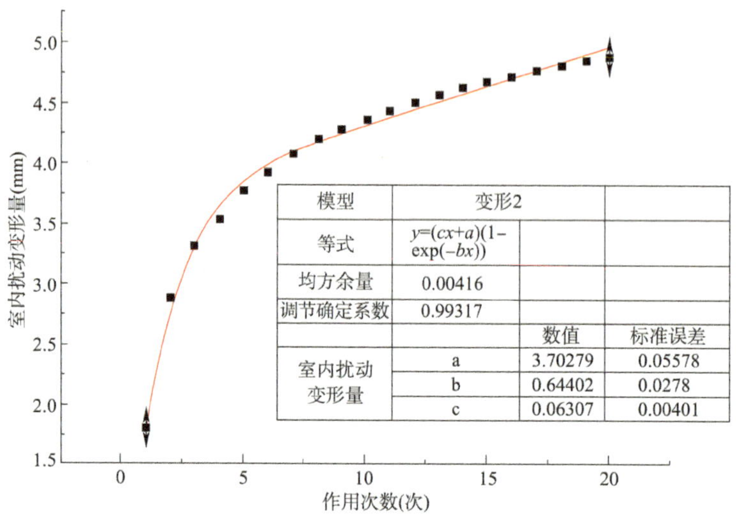

图 4-14　室内试验数据拟合效果图

模型参数 a、b、c 的拟合结果见表 4-10。

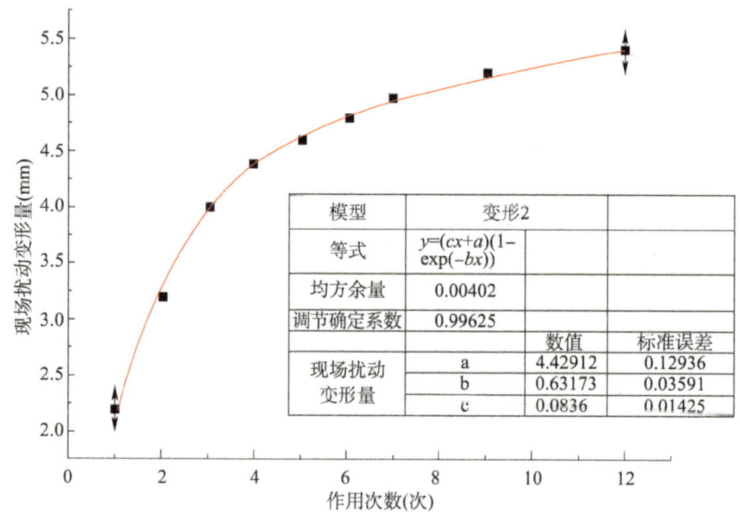

图 4-15　现场实测数据拟合效果图

模型参数拟合结果　　表 4-10

回归模型	$\varepsilon=(cN+a)(1-e^{-bN})$			
模型参数	a	b	c	相关性
室内	3.70279	0.64402	0.06307	0.99317
现场	4.42912	0.63173	0.0836	0.99625

第5章 半刚性基层水泥凝结时间

水泥的凝结时间分为初凝和终凝。水泥加水拌和到水泥浆体开始失去塑性的时间为初凝时间,水泥加水拌和到水泥完全失去塑性并开始产生强度的时间为终凝时间。对于大多数硅酸盐类水泥这两个阶段是很明显的,初凝时间大多超过1h,终凝时间一般在初凝后1h左右。水泥凝结时间对半刚性基层的摊铺与压实有重要影响。因此,需要结合水泥凝结时间对半刚性基层施工时间进行进一步分析,以实现对半刚性基层铺筑质量的有效控制。

5.1 水泥凝结机理

5.1.1 水泥组成对凝结时间的影响

研究水泥的凝结机理,实际就是研究水泥的早期水化机理。由于水泥的水化过程非常复杂,通常情况下从水泥熟料的水化作用入手进行研究。水泥加水拌和后,水泥熟料开始水化,随着水化时间的增加,水化产物的数量和尺寸也在不断增加,当水化反应进行到一定程度时,水泥的游离颗粒与水化产物黏结在一起,水泥浆体开始失去塑性并慢慢形成一定的网格结构,使得浆体具有一定的强度。

硅酸盐水泥的熟料主要包括硅酸三钙(C_3S)、硅酸二钙(C_2S)、铝酸三钙(C_3A)和铁铝酸四钙(C_4AF),其水化特性如表5-1所示。

水泥单矿物水化特性 表5-1

化合物	反应速度	水化热	对水泥的影响	
			强度	水化热
C_3S	中等	中等	高	高
C_2S	慢	低	初始低,后期高	低

续上表

化合物	反应速度	水化热	对水泥的影响	
			强度	水化热
C_3A	快	很高	低	很高
C_4AF	中等	中等	低	中等

矿物 C_2S 水化较慢,对后期强度的增长具有重要影响,但对早期强度的作用不大,故本节忽略 C_2S 对于水泥凝结时间的影响,只分析 C_3S、C_3A 和 C_4AF 的影响。

1)C_3S 水化机理

主要矿物 C_3S 在水泥熟料中含量占50% ~60%,水化早期 C_3S 起着重要作用,基本控制了水化反应动力学,水泥硬化浆体的性能很大程度上取决于 C_3S 的水化作用。根据 C_3S 水化的放热速率曲线,C_3S 水化可划为五个阶段:诱导前期、诱导期、加速期、减速期、稳定期。一般将诱导前期和诱导期合并为水化早期。硬化水泥浆体的很多性能是在水化早期决定的,诱导期与初凝有一定的关系,所以关于诱导期的研究在水化早期显得十分重要。

关于 C_3S 的早期水化,Trettin. R 等研究认为:在水化产生后的 15min 内,即在诱导前期,比表面积增加到最大值后迅速减小,这个变化与水化放热峰一致;无论 C_2S/C_3S 的比率为多少,只要 SiO_2 的浓度达到 1.7mmol/kg,Ca^{2+} 达到 5.5mmol/kg,C-S-H 就能很快形成。

在颗粒周围存在着极明显的浓度梯度,有学者提出关于 C_3S 这样的水化机理:水侵蚀 C_3S 界面,界面溶液的 H^+ 被 Ca^{2+} 和 OH^- 置换,一种细颗粒 C-S-H 沉淀在 C_3S 颗粒上,在 $pH<11.5$ 下稳定,在 $pH>11.5$ 处于介稳状态(介于稳定与不稳定之间),这种初始水化产物形成屏障,从而减慢水化进程,转为由扩散控制水化;当总体溶液饱和时,形成另一个稳定的、与 pH 值有关的 C-S-H,它加速早期水化产物转变为一种易渗透的水化硅酸盐;诱导期随着低渗透的早期水化产物沉淀开始,在第二水化产物开始形成时结束。

在不同的水化阶段,C_3S 水化产物的形状呈现不同,刘贤萍等用原子力显微镜对 C-S-H 进行观察,发现在水化早期水化产物呈纤维状、层状、粒状、薄片状,后来出现凝胶状。一般认为水化产物 $Ca(OH)_2$ 呈六方板状,结晶良好。

2)C_3A 水化机理

在水泥水化中,C_3A 水化也是一个重要部分,对水泥的凝结结构建立和早期水化硬化具有很大的影响。水化时首先生成六方板状的水化物 C_2AH_8 和 C_2AH_{13}，在没有 SO_4^{2-} 或 SO_4^{2-} 很低的时候转化为较稳定的立方体 C_3AH_6；外界离子对它的影响要比 C_3S 大得多，水泥不加石膏时，它与水快速反应，产生快速凝结。

刘贤萍等利用原子力显微镜对单矿物 C_3A 的水化产物进行观察发现：C_3A 水化 30min，出现凝胶型、结晶度很差的不规则卷层状产物及最大粒径约 150nm 的颗粒状水化物，随后凝胶型层状物质逐渐生成块状，32h 后某些区域有结晶度较好的板状产物。

到目前为止，学者们对矿物 C_3A 的研究基本一致，认为 C_3A 与水反应迅速，对凝结时间和早期水化硬化具有较大的影响，其水化产物与水泥中石膏反应生成几乎不溶解的钙钒石或单硫型水化硫铝酸钙，覆盖在 C_3A 表面，形成障碍层，阻止 C_3A 继续快速水化，避免了硅酸盐水泥的急凝。陈红霞等用溶胶凝胶法制得的 C_3A 遇水瞬间大量溶解、水化，几分钟内释放的水化热为总水化热的 70% 左右。

3）C_aAF 水化机理研究

水泥熟料中铁铝酸盐属于固溶体，在正常的熟料生产中，铁铝酸盐固溶体的化学成分较接近 C_4AF，其水化反应机理与 C_3A 相似，但总体的水化速度慢于 C_3A。前人的研究表明，铁铝酸盐固溶体中铁含量提高，其水化速度则相对减慢。与 C_3A 相比，C_4AF 的水化产物中有部分铝被铁置换，水化液相中存在硫酸根时生成含硫的水化铁铝酸钙，同样存在单硫型和三硫型两种形式。在水泥水化的复杂体系统，不论是单硫型还是三硫型的水化产物，都或多或少含有铁，因此，在表述上，一般简单地把 C_3A 和 C_4AF 形成的三硫型水化产物写成 AFt 相，对应的单硫型产物写成 AFm 相。

5.1.2 水泥凝结时间影响因素分析

1）水泥的矿物组成

硅酸三钙 C_3S、硅酸二钙 C_2S、铝酸三钙 C_3A、铁铝酸四钙 C_4AF 四种矿物组成中，按水化速率排列的顺序为：铝酸三钙 > 铁铝酸四钙 > 硅酸三钙 > 硅酸二钙。而水泥的凝结时间主要取决于铝酸三钙和硅酸三钙，铝酸三钙的水化反应如果进行得很快，会导致水泥的凝结过快而无法使用，铝酸三钙含量过高，水化反应加快，会使混凝土坍塌过快，容易造成假凝，影响混凝土质量。不同铝酸三钙含量对凝结时间的影响试验结果见表 5-2。

不同的 C_3A 含量对凝结时间的影响　　表 5-2

凝结时间试验	铝酸三钙含量							
	<8.0%		<9.0%		<10.0%		<11.0%	
	初凝(min)	终凝(min)	初凝(min)	终凝(min)	初凝(min)	终凝(min)	初凝(min)	终凝(min)
试验 1	170	220	147	187	119	154	91	121
试验 2	160	203	132	172	103	138	74	107
试验 3	156	204	133	173	104	139	76	109

从表 5-2 可知,C_3A 含量越高,水化速度越快,含量 8% 比含量 11% 的凝结时间要慢 100min 左右,可见硅酸盐水泥矿物组成是影响水泥水化速度、凝结时间的主要因素之一。

2)水泥的细度

通常情况下,水泥粉磨细度越细,水泥就越易水化,也就越易在存放中分化。当环境温度较高且潮湿时,存放时吸水,容易导致水泥缓凝;而吸收了二氧化碳,则会导致水泥快凝。相同矿物组成的水泥,若减小细度,其比表面积增大,水化加快,则凝结时间也会有明显不同。试验结果见表 5-3。

水泥细度不同对凝结时间的影响　　表 5-3

凝结时间试验	细度(80um 筛筛余)							
	<1.0%		<3.0%		<5.0%		<7.0%	
	初凝(min)	终凝(min)	初凝(min)	终凝(min)	初凝(min)	终凝(min)	初凝(min)	终凝(min)
试验 1	169	204	211	253	243	284	259	306
试验 2	146	181	172	220	190	237	206	254
试验 3	151	184	190	229	221	262	235	280

从表 5-3 可知,矿物组成相同时,水泥粉细度越大,凝结时间也会相对延长。

3)硬化时的温度和湿度

温度愈高,凝结硬化的速度愈快,当温度较低时,凝结硬化速度比较缓慢,当温度为 0℃以下时,硬化将完全停止,并可能遭受冰冻破坏,因此,《水泥标准稠度用水量、凝结时间、安定性检验方法》(GB/T 1346—2011)中,对实验室温度(20℃ ±2℃)、相对湿度(不低于 50%)以及对养生箱温度(20℃ ±1℃)、相对湿度(不低于 90)都做了明确规定,以保证时间测定的准确性,同等矿物组成不同温度和湿度对凝结时间的影响试验结果见表 5-4、表 5-5。

不同温度对凝结时间的影响　　表5-4

凝结时间试验	养生箱温度					
	18℃		20℃		23℃	
	初凝(min)	终凝(min)	初凝(min)	终凝(min)	初凝(min)	终凝(min)
试验1	249	294	214	254	194	224
试验2	202	242	161	201	136	175
试验3	231	271	190	230	166	201

不同湿度对凝结时间的影响　　表5-5

凝结时间试验	养生箱湿度					
	85%		90%		95%	
	初凝(min)	终凝(min)	初凝(min)	终凝(min)	初凝(min)	终凝(min)
试验1	185	224	217	258	246	284
试验2	131	171	165	207	199	238
试验3	162	203	193	232	225	260

从表5-4、表5-5可知，同等矿物组成的试验对比中，凝结时间会随着养生温度的升高而缩短，随着养生湿度的升高而延长。

4)用水量

水泥需水量的大小直接影响混凝土的水灰比，硅酸盐水泥的四种矿物中，C_3A的标准稠度用水量大，C_2S最小，大致顺序为：$C_3A > C_3S > C_4AF > C_2S$。而$C_3A$增加，标准稠度需水量也会随着增加。同等矿物不同用水量凝结时间的影响组成试验结果见表5-6。

不同用水量对凝结时间的影响　　表5-6

凝结时间试验	稠度用水量							
	24.0%		25.0%		26.0%		27.0%	
	初凝(min)	终凝(min)	初凝(min)	终凝(min)	初凝(min)	终凝(min)	初凝(min)	终凝(min)
试验1	164	204	186	227	213	252	254	305
试验2	110	151	132	174	165	208	201	259
试验3	142	181	119	165	194	239	232	281

从表5-6可知，同等矿物组成的试验对比中，稠度用水量增加，凝结时间也会相对延长。

5）游离氧化钙

立窑生产的水泥，有时会存在一些欠烧熟料，因而游离氧化钙含量较高，并且水化速度较快，吸水量也较大，容易引起水泥凝结时间不正常。放置一段时间后，游离氧化钙部分得到消解，此时凝结时间的测定值与存放前的测定值有明显差别。试验结果见表5-7。

不同煅烧温度熟料的凝结时间对比　　表5-7

凝结时间试验	煅烧温度					
	约1200℃		约1400℃		约1500℃	
	初凝（min）	终凝（min）	初凝（min）	终凝（min）	初凝（min）	终凝（min）
试验1	62	97	98	138	147	196
试验2	57	93	104	146	165	213
试验3	49	82	112	158	172	216

从表5-6、表5-7可知，低温煅烧由于能生成较多的硫铝酸钙和氟铝酸钙这些早强矿物，水化很快，凝结时间较短；而随着煅烧温度提高，液相黏度显著降低，AL_2O_3 溶入铁相的量增加，铝酸盐矿物明显减少，同时，随着 C_3S 中 CaF_2 固溶量的增加，A矿物的水化活性下降，凝结时间也会有所延长。

5.2 国家标准对于水泥凝结时间的规定

5.2.1 国家标准水泥凝结时间测定方法

目前测定水泥凝结时间的方法有维卡法和吉尔摩法两种。《水泥标准稠度用水量、凝结时间、安定性检验方法》（GB/T 1346—2011）规定采用维卡法测定，具体方法如下。

5.2.1.1　方法原理

水泥凝结时间的测定方法是采用一定重量的试针自由沉入水泥标准稠度净浆至一定深度所需的时间，由于试体随着时间的延长凝结固化的状态不同，致使试针进入试体深度不同，以此来测定水泥的初结时间和终凝时间。从水泥加水拌和后起，至试针沉入标准稠度净浆中距底板之间的距离为4mm ± 1mm时所经历的时间为初凝时间，从水泥全部加入水中起，至试针沉入净浆试体0.5mm所经历的时间为终凝时间。

5.2.1.2 凝结时间的测定

1)调零

调整凝结时间测定仪的试针接触玻璃板时指针对准标尺零点。

2)试件的制备

将水泥试样按规定程序以标准稠度用水量制成标准稠度净浆,一次装满试模,振动数次并刮平,做好标记,放入湿气养生箱中养生。记录水泥全部加入水中的时间作为凝结时间的起始时间。

3)初凝时间的测定

试模在湿气养生箱中养生至加水后30min时进行第一次测定,测定时,从湿气养生箱中取出试模放到试针下,降低试针使其与水泥净浆表面接触,拧紧螺钉1~2s后,突然放松,试针垂直、自由的沉入水泥净浆。观察试针停止下沉或释放试针30s时指针的读数。当试针沉至距底板4mm±1mm时,为水泥达到初凝状态。

4)终凝时间的测定

为了准确观测试针沉入的状况,终凝针上安装了一个环形附件。在完成初凝时间检测后,立即将试模同浆体以平移的方式从玻璃板取下,翻转180°,直径大端向上、小端向下放在玻璃板上,再放入湿气养生箱中养生,临近终凝时间时每隔15min测定一次,当试针沉入试体0.5mm时,即环形附件开始未能在试件浆体表面上留下痕迹时,为水泥达到终凝状态。由水泥全部加入水中至终凝状态的时间为水泥的终凝时间,用分钟(min)来表示。

5.2.2 国家标准关于水泥凝结时间的规定

国家标准中对于水泥的凝结时间有着明确的规定,具体如下:

《通用硅酸盐水泥》(GB 175—2007)规定,硅酸盐水泥初凝时间不小于45min,终凝时间不大于390min。普通硅酸盐水泥、矿渣硅酸盐水泥、火山灰质硅酸盐水泥、粉煤灰硅酸盐水泥和复合硅酸盐水泥初凝时间不小于45min,终凝时间不大于600min。

交通行业标准对于面层、基层中的水泥材料有着不同的要求,具体如下:

《公路路面基层施工技术细则》(JTG/T F20—2015)规定,所用水泥的初凝时间应大于3h,终凝时间应大于6h且小于10h。

《公路水泥混凝土路面施工技术细则》(JTG/T F30—2014)规定,各交通荷载等级公路路面面层水泥混凝土用水泥的物理指标应符合表5-8的规定。

各交通荷载等级公路面层水泥混凝土用水泥的物理指标要求 表 5-8

项　次	水泥物理性能		极重、特重、重交通荷载等级	中、轻交通荷载等级	试验方法
1	安定性		雷氏夹和蒸煮法检验均必须合格	蒸煮法检验必须合格	JTG E30 T 0505
2	凝结时间(h)	初凝时间	≥1.5	≥0.75	
		终凝时间	≤10	≤10	
3	标准稠度需水量(%)		≤28.0	≤30.0	
4	比表面积(m^2/kg)		300~450	300~450	JTG E30 T 0504
5	细度(80μm 筛余,%)		≤10.0	≤10.0	JTG E30 T 0502
6	28d 干缩率(%)		≤0.09	≤0.10	JTG E30 T 0511
7	耐磨性(kg/m^2)		≤2.5	≤3.0	JTG E30 T 0510

我国幅员辽阔,各地区温度、湿度等环境因素差异较大,不同区域的交通荷载也不尽相同,不同品种水泥的物理特性也各有不同。因此,在进行道路建设施工时,应根据当地的实际情况确定国家标准中水泥物理性能尤其是水泥凝结时间的具体数值或者较小的数值范围。

为进一步明确试验路段所用水泥的相关特性,课题组对内蒙古近几年水泥的使用情况做了详细的调查,包括水泥的强度等级、细度、凝结时间、3d 强度等,课题组调查了 16 家水泥生产厂家,水泥强度等级包含 P. C32.5、P. C52.5、P. O52.5、P. O42.5 缓凝、P. M42.5、P. O42.5R、P. S32.5 共 7 个等级,内蒙古使用的水泥多为普通硅酸盐水泥和矿渣水泥,强度等级为 32.5 或 42.5,矿渣水泥初凝时间区间为 180~280min,终凝时间区间为 360~420min;普通硅酸盐水泥物理特性受生产厂家影响较大,初凝时间在 226min 左右,终凝时间在 335min 左右。当使用缓凝水泥时,其初凝时间比普通水泥延长 100min 左右,终凝时间延长 95min 左右。经此分析,普通硅酸盐水泥和矿渣水泥的初凝时间一般为 3.5~4h,终凝时间一般为 6~7h。

同时进一步验证试验路段所用水泥的相关特性,对试验路段水泥初凝时间和终凝时间进行了试验验证,试验结果如表 5-9 所示。

水泥稳定碎石水泥凝结时间试验 表 5-9

编　号	初凝时间(s)	终凝时间(s)
1	235	417
2	256	413

续上表

编　号	初凝时间(s)	终凝时间(s)
3	247	438
4	237	387
5	265	391
6	251	401

从表5-9可以看出,水泥初凝时间一般为4h,终凝时间一般为6~7h,试验结果与调查结果相符合。

5.3 水泥凝结时间与强度发展的匹配关系研究

水泥稳定碎石基层双层连续摊铺过程中,上基层摊铺时会对下基层进行一个再压实效果,即下层水泥稳定碎石混合料会在上层碾压作用下重新进行结构组合,发生新的集料嵌挤作用。研究表明,水泥稳定碎石混合料的强度会随着成型时间的增加而减小,所以其上下层摊铺间隔时间对基层的强度会产生较大的影响。本节主要对水泥稳定碎石混合料成型时间对其强度的影响进行试验分析。

按照《公路工程无机结合料稳定材料试验规程》(JTG E51—2009)的规定,在ϕ150mm×150mm的圆柱体试模中制作标准试件,混合料采用内蒙古S203公路满阿项目使用的混合料及配比,控制混合料从拌和到压实成型的时间为1.5h、2h、3h、4h、6h、7h共6组,每组制备3个平行试件,标准养生7d,测定其无侧限抗压强度,结果见表5-10。混合料抗压强度随成型时间的变化规律如图5-1所示。

不同成型时间的试件无侧限抗压强度　　表5-10

水泥剂量(%)	成型时间(h)	编号	试件设计强度(MPa)	无侧限抗压强度(MPa)	平均值(MPa)
4.5	1.5	1	2.5	4.0	3.9
		2		3.7	
		3		3.9	
4.5	2	1	2.5	3.6	3.8
		2		3.8	
		3		3.9	

续上表

水泥剂量(%)	成型时间(h)	编号	试件设计强度(MPa)	无侧限抗压强度(MPa)	平均值(MPa)
4.5	3	1	2.5	3.5	3.6
		2		3.2	
		3		4.1	
4.5	4	1	2.5	3.3	3.6
		2		3.6	
		3		3.8	
4.5	6	1	2.5	2.7	3.0
		2		3.3	
		3		3.1	
4.5	7	1	2.5	2.2	2.4
		2		2.4	
		3		2.7	

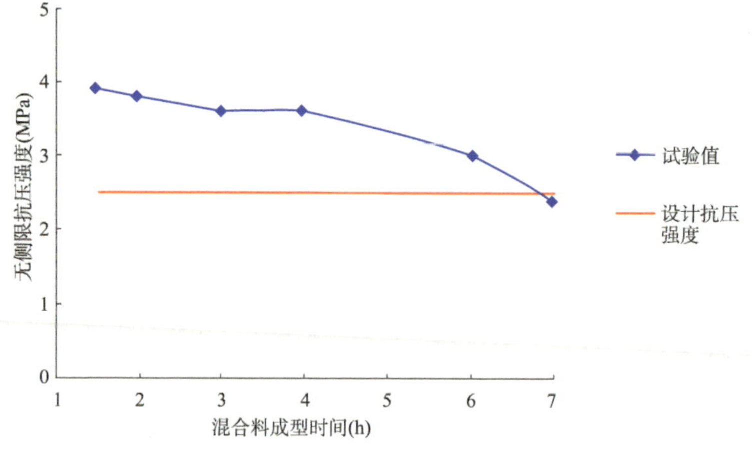

图 5-1　混合料抗压强度随成型时间的变化规律

由图 5-1 可知,混合料成型强度随成型延迟时间的增加而减小,其衰减规律大致分为衰减前期、平缓期、衰减期和加速期四个阶段。前 3h 为衰减初期,这个时期含水率变化较大,使得不同时间成型的试件强度有所变化;3 ~ 4h 为平缓期,水分变化不大,成型试件强度稳定;4 ~ 6h 为衰减期,混合料开始失去塑性,强度下降较快;6h 之后进入加速期,混合料塑性降低直至完全失去塑性,随着成型时间的推移,强度加速减小,大约 6.5h 后,混合料的强度已经低于设计要求。

因此,水泥从加水拌和到碾压结束的时间不能超过 5h,否则,无法保证无侧限抗压强度符合设计要求。

5.4 双层连续摊铺施工时间控制

施工时间控制是一个过程,主要是围绕时间通过运用系统的理论和方法,来对施工项目及其所拥有的资源进行高效率的计划、实施和控制。双层连续摊铺施工时间受到水泥凝结时间、施工组织设计、运料距离、摊铺温度、摊铺时间、碾压次数、碾压时间等因素的影响,尤其是水泥凝结时间对双层连续摊铺施工时间影响最大。双层连续摊铺施工时间包括拌和时间、运输时间、等待时间、摊铺时间及碾压时间,不同阶段对时间有不同的要求。

5.4.1 双层连续摊铺施工时间影响

5.4.1.1　施工组织设计的影响

不同的施工组织设计方法将会产生不同的施工时间。本书课题组选择流水作业法双层连续摊铺的施工组织设计。流水作业法是为工程项目组织实施的一种管理形式,就是由固定组织的工人或机械,在若干个工作性质相同的施工环境中,依次连续地工作的一种施工组织方法。工程施工中,可以采用依次施工(亦称顺序施工法)、平行施工和流水施工等组织方式。流水作业法科学地利用了工作面进行施工,并通过以工艺专业化原则成立的施工班组来保持生产的连续性,使得单位时间需要投入施工的资源较为均衡,有利于资源供应的组织工作。

通过流水作业法的基本原则来进行双层摊铺技术的施工组织设计,能够有效地协调混合料拌合站、运输车辆和摊铺机之间的材料流转关系,保证了材料的有序生产,满足了路面摊铺过程的不间断连续施工要求,优化了双层连续摊铺技术的施工组织设计,节省了双层连续摊铺施工时间。

5.4.1.2　运料距离的影响

对于双层连续摊铺技术来说,施工时间分析首先就应该考虑拌和机械效率、运料车运行速度与容量等因素,其中最主要的因素应为运料距离的影响。当水泥稳定碎石在拌合站拌和时,水泥稳定碎石的水化已经开始。随着运料距离的增加,水泥水化越彻底,强度增长越快,水泥稳定碎石可施工性越低。可是,从经济性、可操作性来说,不可能在每个施工段均设置一个拌合站,因此,运输距离拥有一个最小值。

5.4.1.3 摊铺碾压的影响

当运料车将基层材料运输至施工现场时,摊铺机类型、摊铺宽度、摊铺速度、压路机类型、碾压速度、碾压遍数、施工组织方案等因素均会影响施工时间。

对于摊铺工作而言,内蒙古地区常见的摊铺机为沃尔沃 ABG8820。

对于碾压工作而言,内蒙古地区常见的压路机为柳工 CLG620H、厦工 XG6201、鼎盛天工 yl26、中大 YZC13/17、中大 YZ32D、中大 YL37。

5.4.2 双层连续摊铺施工时间分析

半刚性基层双层连续施工其混合料的施工量远高于普通基层施工,所以应根据摊铺机施工速度、水泥凝结时间为标准对施工时间进行控制。

5.4.2.1 拌和时间分析

内蒙古常见拌和站型号为 WCB600,常见生产能力为 500t/h、600t/h、800t/h,运料车容量在 48 ~ 54t 之间。因此,在保证水泥稳定碎石拌和均匀稳定的前提下,本书课题组结合工程实际,提出水泥遇水到装车的时间应当为 5 ~ 6min。

5.4.2.2 运输时间分析

拌合站的设置决定了拌合站与施工路段的距离,即运料车运输距离。内蒙古常见的运输距离为 5km 左右,最长运输距离为 20km 左右,最短运输距离为 1km 左右,即可将拌合站建在施工路段附近。因此,水泥稳定碎石运输时间为 5 ~ 40min。

5.4.2.3 等待时间分析

为保证摊铺作业的连续性,在摊铺机进行双层连续摊铺时,路边至少应有 2 ~ 3 辆运料车在等待。对于一台运料车而言,其等待时间为 10 ~ 30min。

5.4.2.4 摊铺时间分析

半刚性基层双层连续摊铺的摊铺速度一般为 2.5m/min 左右,一车料可以摊铺 11.11m 左右,每个摊铺段长度为 100m 左右。因此,其摊铺时间为 4 ~ 5min。

5.4.2.5 碾压时间分析

试验路段半刚性基层双层连续摊铺,其压路机碾压速度一般为 1.5 ~ 1.7m/min,在保证半刚性基层压实度的前提下,在每个摊铺段上,每车料的碾压时间为

7～10min。

综上所述，每车料从拌和、运输、等待、摊铺、碾压各个过程中，等待时间与运输时间的耗时最长。因此，在保证连续摊铺的前提下，可合理安排拌合站的位置。试验路双层连续摊铺施工时间见表5-11。

双层连续摊铺施工时间　　表5-11

步骤	拌和	运输	等待	摊铺	碾压	总时间
时间范围(min)	5～6	5～40	10～30	4～5	7～10	30～95

5.4.3 基于水泥凝结时间的施工时间控制

根据水泥稳定碎石混合料抗压强度随成型时间变化规律以及双层连续摊铺施工时间分析可知，在双层连续摊铺过程中，从拌和站拌料开始至上基层碾压完毕，其施工间隔时间不能超过5h，宜在平缓期碾压完成，即从水泥加水拌和到碾压完成控制在3h以内，具体时间控制见表5-12。

基于水泥凝结时间的施工时间控制推荐表　　表5-12

工序	混合料拌和	混合料运输	摊铺	碾压
时间控制	≤10min	≤90min	≤30min	≤30min

注：工序中包括车辆排队、等待等无效时间。

第6章 半刚性基层双层连续摊铺平整度扰动质量控制

路面平整度是路面质量控制的一个重要指标,平整度的好坏直接影响道路的使用状况。影响路面平整度的因素非常复杂,包括人员、机械、材料、工艺等。双层连续摊铺过程中,施工车辆直接作用在未经养生的基层上,过大的轴载会对基层造成一次性的永久破坏,形成较大的车辙深度。本章从平整度传递理论入手,分析施工车辆对未养生基层的平整度扰动情况,建立平整度扰动预估模型并在现场施工中予以验证,最后提出合理的施工车辆轴载控制标准。

6.1 半刚性基层双层连续摊铺施工平整度扰动影响因素分析

平整度是指路面表面高程与设计高程的竖向偏差程度,表现为路面的横纵方向的凹凸不平,是评价道路性能的重要指标之一,主要反映路面纵断面剖面曲线的平整性。当路面纵断面剖面曲线相对平滑时,则表示路面相对平整,或平整度相对好,反之则表示平整度相对差。传统施工中影响道路平整度的因素主要有以下几个原因:

1)路基的不均匀沉降

路基是道路建设的基础,在路基施工中,压实度不足、排水系统不完善、特殊路基的自然沉降都会给道路结构层接下来的施工工作带来严重的影响。

2)道路不平整处的传递效应

下层结构层的不平整会在上层结构中表现出来。从路基开始,下承层的不平整会在上一层的摊铺碾压中反映出来,若处理不当,会在铺筑面层的时候产生难以弥补的后果。

3)施工机械及施工工艺带来的平整度影响

道路平整度的影响因素非常复杂,在摊铺压实过程中,人员、机械、材料、工艺、环境等等都有可能对道路平整度产生影响，包括摊铺机性能、基准线的控制、操作人员的熟练水平、施工工艺方法等。

半刚性基层双层连续摊铺工艺有别于普通的基层摊铺技术，施工车辆需要在未经养生的基层上进行下一层的摊铺碾压，此时的下基层水泥尚未完全水化，水泥稳定碎石基层可近似地看作为松散粒料层结构。对于松散粒料类材料，车辆荷载作用下会产生明显的弹塑性行为，如图 6-1a）所示。Fridrick Lekarp 研究表明，每次车辆荷载的作用都会使路面结构产生可恢复的弹性形变和不可恢复的塑性形变。图 6-1b）显示出在双层连续摊铺施工中，施工车辆作用在未经养生的下基层上会产生较深的车辙，对基层平整度具有很大的影响，因此，有必要对双层连续摊铺施工工艺平整度质量加以控制。

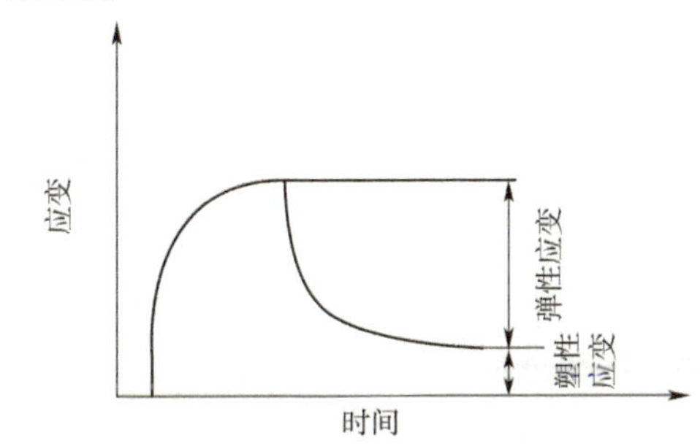

a)车辆轴载产生的塑性应变

b)现场施工中运输车辆产生的扰动

图 6-1　运输车辆对基层平整度的扰动

6.2 平整度传递理论

6.2.1 平整度传递机理

本节所研究的平整度传递主要指路面下层不平整性向上映射的过程及规律，在路面结构中，底层平整度优劣直接影响上一层平整度好坏。

道路施工中，平整度质量控制一般从路基开始，即道路的不平整性也是从路基开始的。假设路面一相邻结构层为上层和下层，在下层摊铺时的最大凹陷量为βmm，上层摊铺时松铺厚度为200mm，则最大凹陷处的虚铺厚度为$200+\beta$mm，松铺系数为1.25（即压实比例为0.8），这样就相当于压实后，该最大凹陷处的压实厚度为$(200+\beta)\times 0.8=160+0.8\beta$，则该处在上层结构层摊铺压实后，其凹陷量为$0.2\beta$，这相当于与下层的不平整度向上一层传递了$0.2\beta$，如图6-2所示。依次类推，如果上一层的压实比例依旧为0.8，则该点的传递量为$0.2^2\beta$，第n层的传递量为$0.2^n\beta$。由此可以看出，平整度的传递随着层数的增加是逐渐递减的，且呈指数减小。

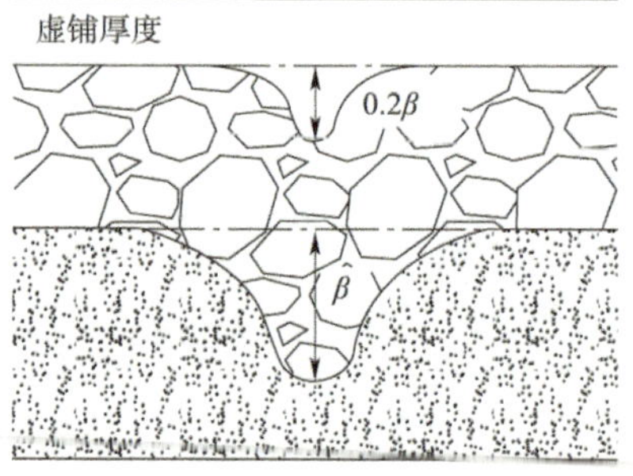

图6-2　平整度传递示意图

6.2.2 基层双层连续摊铺平整度特点

根据上节研究，平整度从土基开始向上传递发生，对接下来道路各结构层的平整度质量评价皆有一定的影响。假设土基处的不平整凹陷量为$\beta_{土}$，向上摊铺各结构层松铺系数分别为λ_1、λ_2，…，λ_n，则摊铺面的凹陷量传递值可以按下式计算：

$$\beta_{面}=\left(1-\frac{1}{\lambda_1}\right)\left(1-\frac{1}{\lambda_2}\right)\cdots\left(1-\frac{1}{\lambda_n}\right)\beta_{土}\ (\mathrm{mm}) \tag{6-1}$$

但事实上，路面的不平整并不仅是由于下承层的凹陷量传递的原因，还需要考虑当前结构层摊铺碾压时人员、机械、工艺带来的平整度影响。因此，摊铺面的不平整除了应该考虑下承层的传递外，还需要考虑当前层的施工影响因素，应将式(6-1)修改成：

$$\beta_{面} = \left(1 - \frac{1}{\lambda_1}\right)\left(1 - \frac{1}{\lambda_2}\right)\cdots\left(1 - \frac{1}{\lambda_n}\right)\beta_{土} + \beta_{自}(\mathrm{mm}) \tag{6-2}$$

式中：$\beta_{面}$——当前摊铺层平整度预估量；

$\lambda_1\lambda_2,\cdots,\lambda_n$——各结构层的松铺系数；

$\beta_{土}$——土基的不平整度实测值；

$\beta_{自}$——当前摊铺层自身原因产生的凹陷量。

半刚性基层双层连续摊铺过程中，上基层摊铺时，施工车辆作用在未经养生的下基层上，其车辆荷载对基层的破坏是巨大的，易产生较大的车辙深度。因此，其不平整处凹陷量传递值也相对更大，过大的不平整在上基层施工中会提高压实难度、影响施工质量，因此有必要将平整度传递理论引入半刚性基层双层连续摊铺施工中，公式如下：

$$\beta_{上} = \left(1 - \frac{1}{\lambda}\right)\beta_{下} + \beta_{自}(\mathrm{mm}) \tag{6-3}$$

式中：$\beta_{上}$——上基层平整度预估量；

λ——上基层的松铺系数；

$\beta_{下}$——下基层平整度实测值；

$\beta_{自}$——上基层自身原因产生的凹陷量。

双层连续摊铺过程中，对于上基层自身凹陷量的主要原因是运输车辆直接作用在未经养生的半刚性基层上，从而产生未经养生基层的永久变形以及对平整度的扰动。永久变形值与平整度扰动值随着运输车辆轴载的增加而增大。因此，$\beta_{自}$的主要影响因素为施工车辆荷载。

考虑到双层连续摊铺过程中，施工车辆会对下基层平整度造成较大的扰动，从而影响到上基层的摊铺压实效果。因此，除了满足规范对基层平整度的要求外，还应根据平整度传递量对下基层平整度进行质量控制。

6.3 半刚性基层双层连续摊铺平整度现场检测

6.3.1 平整度检测方法

我国用于平整度检测的设备和方法主要有以下几种：

1)水准测量

精密水准仪和水准仪是最基本的平整度检测设备,并且是路面平整度检测的基准工具,用于对其他各种检测方法和设备进行标定。由于靠纯手工操作,所以检测效率很低,一般只用于初期标定测量。

2)3m 直尺测量

3m 直尺法主要应用在国内,是用来测量路面平整度的最简单的仪器。直尺由硬木或铝合金等材料制成,长度为3m,底面做成平直。测量时,将直尺水平放在选好的待检测的路面上,用标有高度标线的塞尺塞进间隙处,测量出最大间隙高度 h,连续多次测量取平均值。

3m 直尺法简单易操作,但其缺点也相对明显,主要体现在对整体测量缺乏统一的基准,工作人员的工作强度大,主观因素影响明显,工作效率低下,只能用于道路施工过程中对基层及非沥青类面层的质量进行测量和控制。

3)连续式路面平整度仪测量

连续式平整度仪通常也称作多轮仪,它的机架由前后各四个的支撑轮支撑,机架中部装有测量轮和记录仪。在平整度仪的测量过程中,检测轮随着路面纵断面曲线上下移动,由里程记录设备记录平整度仪的纵向位移量。该平整度仪可由人力或汽车牵引。其工作原理类似于3m 直尺,基准面同样也是变化的,仅是由机械化代替了人工操作。

连续式平整度仪和3m 直尺的检测结果与其支架、直尺长度有关,只能反映小波成分。当平整度仪高速检测时,对检测结果影响较大。

4)车载式颠簸累计仪

车载式颠簸累计仪是一种检测平整度的仪器,主要反映在车辆行驶过程中车辆后轴与车身的位移累计值。这种检测方法需要对其进行经常性标定,原因是其检测结果与车辆参数、荷载及行驶速度等相关。标定过程费时费力,所以近年来国外发达国家已渐渐不再使用此类设备。

5)ARRB 手推式断面仪

ARRB 手推式断面仪主要是从澳大利亚公路运输研究所引进,这是一种较为先进的检测设备,采用加速度传感器和陀螺仪,直接计算出国际平整度指数 IRI。缺点是检测速度慢,且进口价格高,后期维护不便。

6)激光平整度仪

此类检测设备主要由三部分组成:垂直位移传感器、加速度传感器、里程记录仪。垂直位移传感器记录传感器与路面的垂直距离;加速度传感器记录车体的垂直加速度，经过两次积分后输出，由于车体振动引起的位移变化，与垂直位移传感器互差便可求出路面的真实断面高度。里程记录仪用于记录检测设备检测的距离，并输出用于检测的脉冲信号。

目前存在的具有自动化、高速率、高精度的路面检测设备大都是基于惯性基准测量的平整度检测设备。此类设备一般采用超声波传感器、激光传感器等测量路面高程。国外发达国家目前已研制生产出多种用于平整度检测的设备，主要有英国运输和道路研究所研制生产的TRRL梁断面仪、法国路桥中心研制生产的APL惯性断面仪、美国通用汽车公司研制生产的GMR断面仪、丹麦研制生产的激光路面平整度检测仪、澳大利亚公路运输研究所研制生产的ARRB手推式断面仪等。

由于3m直尺操作简单，便于携带，成为工地上最为常见的平整度检测方式，本书所述平整度检测就是用的3m直尺法。

6.3.2 平整度现场检测及结果分析

为进一步验证半刚性基层连续摊铺技术在现场摊铺过程中的平整度指标，本书课题组先后在内蒙古S203线满洲里至阿木古郎一级公路第8、9标段K130+000~K130+100、K119+950~K120+050、K108+780~108+880进行了三段水泥稳定碎石基层连续摊铺试验段铺筑。摊铺方案为底基层16cm+16cm双层连续摊铺、底基层及基层16cm+16cm+18cm三层连续摊铺、底基层及基层32cm+18cm双层连续摊铺。前两段采用的是沃尔沃ABG8820B履带式沥青摊铺机，柳工CLG620H振动压路机；大厚度试验段采用的是中大DT1800摊铺机，中大YZ32D32t振动压路机。

对于双层、三层连续摊铺平整度检测，主要包括上层平整度检测和下层平整度检测。考虑到上层施工时，施工车辆作用在未经养生的基层上会对道路造成塑性车辙破坏，影响平整度质量。本章主要研究施工车辆对成型基层的扰动影响，故下基层平整度检测主要包括压实后纵向平整度检测和上基层摊铺时车辆扰动后的横向平整度检测。具体检测方法如下：

(1)下基层摊铺碾压完成后，采用3m直尺在两车道中间位置进行纵向连续15尺检测，以确定碾压后平整度质量[图6-3a)]。

(2)上基层摊铺时，每隔40m取一个横断面，在运输车辆碾压后进行横向连续3尺检测，确定运输车辆扰动量[图6-3b)]。

并在内蒙古S203线第8、9标段K119+950~K120+050、K108+780~108+

880 段进行了平整度扰动检测，结果如表 6-1 ~ 表 6-4 和图 6-4 ~ 图 6-6 所示。

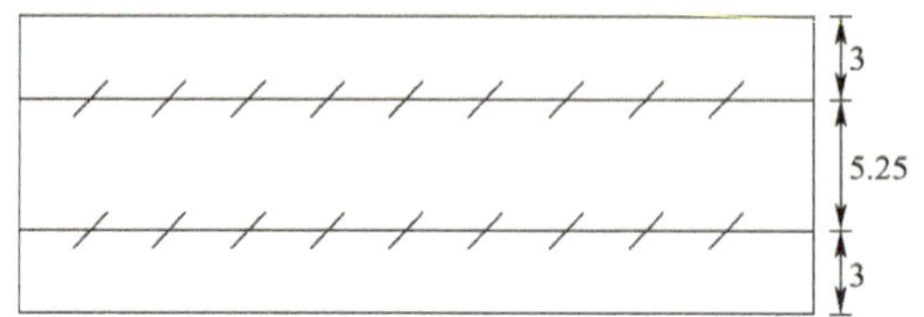

a)纵向平整度检测

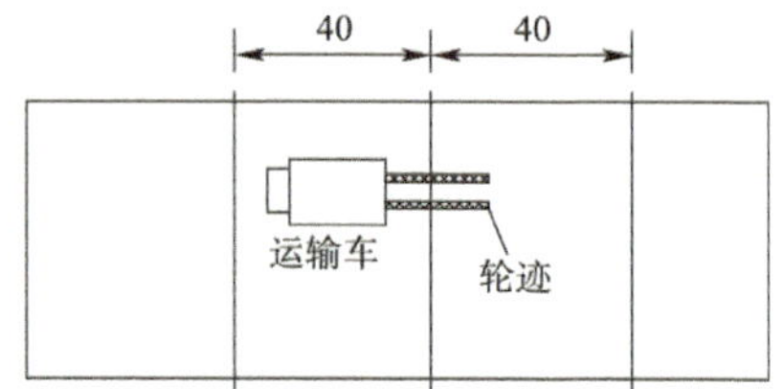

b)横向平整度检测

图 6-3　平整度检测示意图(尺寸单位:m)

K119 +950 ~ K120 +050 底基层下层纵向平整度检测结果(mm)　　表 6-1

测量位置	1	2	3	4	5	6	7	8	9	10	11	12	13	14	15	平均值	容许最大值
车道1	4.0	3.5	3.0	4.5	3.0	3.5	7.0	4.0	4.0	5.0	2.0	3.5	1.5	3.0	2.5	3.6	12
车道2	4.0	2.5	2.0	5.0	6.0	4.5	1.5	1.0	4.0	3.5	3.5	4.0	7.5	1.5	3.0	3.5	

K119 +950 ~ K120 +050 底基层上层纵向平整度检测结果(mm)　　表 6-2

测量位置	1	2	3	4	5	6	7	8	9	10	11	12	13	14	15	平均值	容许最大值
车道1	4.5	1.5	6.5	2	3.5	4	5.5	9.5	2.0	2.5	1.0	4.0	1.5	6.0	3.0	3.8	12
车道2	2.5	1.0	3.5	5.0	6.0	8.0	3.5	5.0	4.5	1.5	5.0	3.5	4.0	3.5	3.0	4.0	

K130 +000 ~ K130 +100 底基层下层(16cm)横向平整度扰动检测结果　表 6-3

车辆总质量(t)	最大轴载(kN)	平整度扰动(mm)			平均值
		1	2	3	
85	319	6	11.5	4	7.2
85	319	4.5	6.5	9.5	6.8
85	319	15	12	4.5	10.5
85	319	8.5	6.5	9	8.0

续上表

车辆总质量(t)	最大轴载(kN)	平整度扰动(mm)			平均值
		1	2	3	
85	319	4.5	13.5	7	8.3
85	319	9.5	5.5	7.5	7.5
平均值					8.1

K130+000～K130+100底基层上层(16cm)横向平整度扰动检测结果　表6-4

车辆总质量(t)	最大轴载(kN)	平整度扰动(mm)			平均值
		1	2	3	
85	319	12	7.5	5.5	8.3
85	319	4.5	11	7.5	7.7
85	319	5	5.5	7	5.8
85	319	3.5	6.5	11.5	7.2
85	319	7.5	11.5	7	8.7
85	319	8.5	6.5	8.5	7.8
平均值					7.6

图6-4　现场平整度检测

图6-5　K119+950～K120+050底基层纵向平整度检测

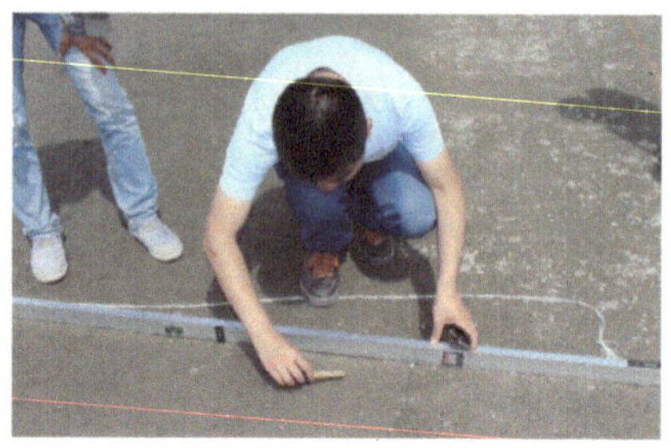

图 6-6 K130 +000 ~ K130 +100 底基层横向平整度扰动检测

由表 6-1 及表 6-2 可知，K119 +950 ~ K120 +050 底基层下层纵向平整度检测平均值为 3.6mm，根据平整度传递公式，将往上传递 0.72mm，但上层纵向平整度检测平均值仅为 3.9mm，略大于下层平整度，说明底基层下层施工车辆的扰动对于上层纵向平整度的影响较小。

由表 6-3、表 6-4 可以看出，在施工荷载作用下，底基层下层横向的扰动平整度较大，平均值达到 8.1mm，根据平整度传递公式，将往上传递 1.62mm，再考虑底基层上层本身平整度 4mm，可以得到底基层上层的理论平整度为 5.62mm，但是底基层上层横向实际的扰动平整度平均值为 7.6mm，小于理论值，这是由于在进行计算时没有考虑水泥稳定碎石材料平整度传递过程中的横向嵌挤作用。

规范中规定基层摊铺平整度的控制标准为 12mm，但是双层连续摊铺过程中、上基层摊铺压实过程中，下基层混合料尚未成型，上基层压路机的压实作用传递到下基层会对下基层产生再压实作用，会对下基层平整度进行重新碾压。

但是根据 6.2 节中对道路施工平整度传递理论的分析可以看出，对于双层连续摊铺施工，下基层平整度标准欠佳会传递到上层施工中，从而增加上基层的不平整度，甚至使上层平整度达不到规范要求。根据式(6-3)提出的变量，本书将纵向平整度检测量值定义为当前压实层自身平整度凹陷量$\beta_{自}$，对道路纵向平整度取值进行处理，结果如图 6-7 所示。

由图 6-7 可知，对以上 90 个平整度检测点数据进行汇总，可以看出平整度检测值分布范围在 1 ~ 9.5mm 之间，其大部分检测值分布在 2 ~ 4.5mm 之间。《公路工程质量检验评定标准》中要求平整度检测的保证率为 95%，在此本书将 95% 作为路面自身平整度影响因素的保证率。代入纵向平整度检测数据中，可以得出其平整度要求为 8mm，即$\beta_{自}=8\text{mm}$，代入式(6-3)中可得下式：

$$\beta_{下}=(\beta_{上}-\beta_{自})/\left(1-\frac{1}{\lambda}\right)=(\beta_{上}-8)/\left(1-\frac{1}{\lambda}\right)(\text{mm}) \tag{6-5}$$

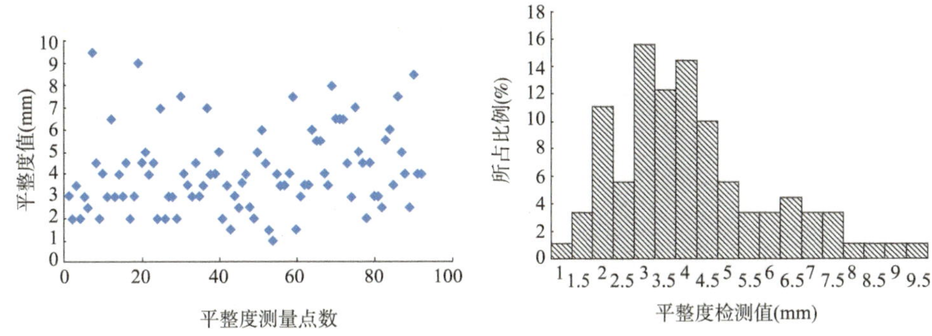

图 6-7　纵向平整度检测结果

试验段设计厚度为 16cm，虚铺厚度为 20cm，即松浦系数为 1.25，$\beta_{上}$表示上基层平整度预估值，其值为规范标准值 12mm 与路面自身平整度影响因素的保证率 95% 的乘积。代入式(6-6)中，可以得出$\beta_{下}=17\text{mm}$。则在 16cm + 16cm 底基层双层连续摊铺过程中，下基层平整度质量控制标准应为 17mm。代入平整度永久变形预估方程$\delta_p=18\times10^{-6}(e^{B\sigma}-1)$，反算可得车辆轴载为 498kN。

根据计算可以得出在 16cm + 16cm 底基层双层连续摊铺施工中，上基层摊铺时应控制运输车辆轴载低于 498kN。

对于基层底基层双层连续摊铺研究，考虑其$\beta_{自}$应取相邻路段基层平整度检测数值进行判定，本书对相邻施工段基层平整度检测值进行整理，计算得到在 95% 保证率情况下$\beta_{自}=5.5\text{mm}$，$\beta_{上}=8\times95\%=7.6\text{mm}$。同以上计算结果可以得知，其下基层平整度控制标准为 10.5mm，车辆轴载限重为 386kN。结束整理统计如表 6-5 所示。

基于平整度控制下双层连续摊铺施工车辆轴载限重标准　　表 6-5

施工方法	下基层平整度（mm）	运输车轴载限重标准（kN）	后轴数	运输车总重（t）
底基层双层连续摊铺	17	498	1	66.4
			2	132.8
基层底基层双层连续摊铺	10.5	386	1	51.4
			2	102.9

6.3.3 平整度扰动传递分析

根据双层摊铺现场施工可知，当平整度由基层开始传递时，向上依次经过上基层，经过一次传递至上基层，下基层向上传递的平整度量可由上述预估公式进行预测得到。整理现场实测下基层的平整度资料与平整度传递预估后的上基层平整度进行分析，其数据如表6-6、表6-7所示。

K119+950～K120+050 下基层纵向平整度传递结果(mm)　　表6-6

测　点	1	2	3	4	5	6	7	8	9	10	11	12	13	14	15
底基层上层平整度(mm)	4.0	3.5	3.0	4.5	3.0	3.5	7.0	4.0	4.0	5.0	2.0	3.5	1.5	3.0	2.5
传递至上基层平整度(mm)	0.8	0.7	0.6	0.9	0.6	0.7	1.4	0.8	0.8	1.0	0.4	0.7	0.3	0.6	0.5
传递至路面平整度(mm)	0.16	0.14	0.12	0.10	0.12	0.14	0.28	0.16	0.16	0.20	0.08	0.14	0.06	0.12	0.10

K130+000～K130+100 下基层(16cm)横向平整度传递结果(mm)　　表6-7

测　点	1	2	3	4	5	6	7	8	9	10	11	12	13	14	15
底基层上层平整度(mm)	6.0	4.5	15.0	8.5	4.5	9.5	11.5	6.5	12.0	6.5	13.5	5.5	4.0	9.5	4.5
传递至上基层平整度(mm)	1.2	0.9	3.0	1.7	0.9	1.9	2.3	1.3	2.4	1.3	2.7	1.1	0.8	1.9	0.9
传递至路面平整度(mm)	0.24	0.18	0.6	0.34	0.18	0.38	0.46	0.26	0.48	0.26	0.54	0.22	0.16	0.38	0.18

《公路工程质量检验评定标准　第一册　土建工程》(JTG F80/1—2017)规定，高速公路、一级公路的底基层平整度标准为12mm，沥青路面面层平整度标准值为3mm。由表6-6、表6-7计算结果可知：

(1)下基层传递至上基层平整度扰动的变化范围为0.3～2.7mm，为规范规定值的2.5%～22.5%，由此可见，双层连续摊铺模式下由运输车辆对下基层产生的扰动，向上传递至上基层平的平整度值相对较小，不影响基层施工质量。

(2)下基层对沥青路面面层平整度扰动的变化范围为0.06～0.6mm，为规范规定值的2%～20%，由此可见，双层连续摊铺模式下由运输车辆对路面平整度产生的扰动值相对较小，几乎可以忽略施工对面层平整度的影响。

综上可知，虽然摊铺上基层时施工车辆会对下基层产生较大的扰动，最大扰动可达到2.7mm，但结合平整度传递理论，该层的平整度扰动对上基层及面层平整度传递影响随着层数增加不断减小，对上基层、上面层最大影响分别为2.7mm、0.6mm，扰动传递效果小，对施工质量的影响可以忽略不计。

6.4 双层连续摊铺基层控制标准

为确保公路路面平整、舒适的要求，在施工中应严格控制平整度的质量标准。《公路工程质量检验评定标准　第一册　土建工程》(JTG F80/1—2017)规定沥青面层平整度有最大间隙和标准偏差两个指标和标准值，规定高速公路路面基层平整度测定采用3m直尺丈量，每200m测2处，每处连续10尺，最大间隙不大于10mm。在《路基路面现场测试规程》(JTG 3450—2019)中对平整度测试方法做了相关的规定，即平整度的测试包括三种方法：3m直尺、连续式平整度仪及颠簸累计仪。相应的平整度指标有最大间隙、标准差σ、单向位移累计值VBI、国际平整度指数IRI等，但对高速公路路面基层的平整度尚无明确的标准要求。对于平整度应满足的规范要求如表6-8所示。

各结构层平整度规范值　　表6-8

结构层		规范值	
		高速公路、一级公路	其他公路
路基	土方	15mm	20mm
	石方	20mm	30mm
底基层		12mm	15mm
基层		8mm	12mm
面层	上面层	3mm	5mm
	中、下面层	5mm	7mm

表6-8为传统摊铺时平整度的控制标准，与传统摊铺工艺相比，双层摊铺施工中传递到上基层的平整度更大，控制比较困难。双层摊铺平整度传递特点决定了施工时采用传统摊铺平整度的控制标准是不合理的，在双层摊铺施工过程中更应该注意平整度的控制。由平整度传递理论可知，下一层的平整度直接影响上一层平整度的好坏。因此双层摊铺施工时道路平整度的控制应从路基开始，路基、底基平整度控制应按比原路面等级更高一级的路面控制指标进行控制，控制标准见表6-9。

双层摊铺平整度质量控制标准　　表6-9

项目	检查方式	质量要求或允许误差(mm)
上面层	3m直尺	3
下面层	3m直尺	5

续上表

项　　目	检 查 方 式	质量要求或允许误差(mm)
基层	3m 直尺	8
底基层	3m 直尺	8
路基	3m 直尺	12

6.5 基层双层连续摊铺平整度扰动控制措施

根据平整度扰动预估方程和现场实际检测效果来看，双层连续摊铺中由于运输车辆引起的平整度扰动是客观存在的，其数值所占比例较高且不容忽视，因此，有必要在双层连续摊铺施工中严格控制施工车辆引起的平整度扰动量。

1）运输车辆轴重控制

未经养生的下基层在结构形式上相当于松散的粒料类结构，车辆轴载会对其产生不可恢复的永久性车辙变形，根据本章计算结果结合现场实际检测情况，规定底基层连续摊铺时，作用在下基层上的运输车轴重不得超过 498kN；基层底基层连续摊铺时，作用在底基层表面的运输车辆轴重不得超过 386kN。

2）平整度检测标准和扰动过大处的及时补压

根据上文计算，在底基层连续摊铺施工中，下基层平整度超过 17mm 时会对上基层的摊铺压实造成很大的影响，这一数值在基层底基层摊铺过程中为 10.5mm。因此规定底基层连续摊铺时，当检测平整度超过 17mm，应对车轮扰动处进行人工填料补压处理；基层底基层连续摊铺时，对平整度检测超过 10.5mm 处进行及时补压处理。

3）车辆行驶控制要求

根据现场实际观察，运输车辆在未经养生的基层上转弯、掉头、急起或者急停都会对基层表面造成损害，因此应控制运输车辆在新摊铺基层上的行驶，禁止车辆掉头、紧急起动和紧急制动，行驶速度应尽量保持低速，以避免轮胎与路面之间的水平力造成已摊铺基层的横向推移。

第 7 章 半刚性基层双层连续摊铺层间黏结效果

半刚性基层上下层之间是一个结构过渡区，不同的层间结合状态，会产生不同的弯沉或者弯拉应力，传统分层摊铺方法是在下基层养生 7d 后对上基层进行摊铺，其层间结合效果几乎可以不计，双层连续摊铺工艺可以有效地提高水泥稳定碎石基层层间状态，使其更好地成为一个整体。本章从半刚性基层上下层间黏结性能进行研究，通过室内试验测量半刚性基层双层连续摊铺层间结合效果，并利用力学分析计算不同的层间摩擦因数对路面层底拉应力的影响，从而得出双层连续摊铺工艺对道路寿命的改善效果。

7.1 双层连续摊铺层间黏结机理

传统施工中，由于基层层厚较大，往往采取分层施工，其上下层摊铺至少间隔 7d 的养生时间。在摊铺上基层时，通常会喷洒一层水泥浆，但渗入的水泥浆和下层已硬化的混合料并不能很好地结合。其弱结合面在车辆荷载和环境因素的作用下易发生破坏，影响道路寿命。

1）双层连续摊铺混合料水泥一次黏结成型

水泥与水拌和后，水泥中的矿物质产生水化反应将游离的粒料类颗粒黏结起来，形成一种三维“凝结网络”结构，混合料具有一定的屈服值，当水泥完成终凝后，水化作用结束，屈服值达到最大，混合料强度完全成型。所以说水泥的水化作用是水泥稳定碎石混合料黏结性能的基本保障。

传统的分层摊铺施工中，下基层经过 7d 养生期后，水泥水化作用已经基本结束，几乎不可能产生与上基层的黏结力，部分道路施工采用铺洒水泥胶浆为层间提供黏结力，但是铺洒水泥胶浆黏结效果一般。

双层连续摊铺施工技术使得上下基层混合料中水泥同步产生水化反应，层间界面处水泥与上下层混合料中的水泥同步形成强度,这使得混合料成型时不易产生接缝,提高了层间结合力。

2)上下基层集料相互嵌入产生的咬合力

双层连续摊铺施工工艺在碾压过程中,由于下基层尚未完全成型,压路机在压实工作中会对下层混合料进行再压实,这必然会使上下层混合料中的集料相互嵌入,使基层层间表面并不平整,而是形成一种碎石相互嵌入的粗糙面,这使得层间结合更为紧密,如图 7-1 所示。

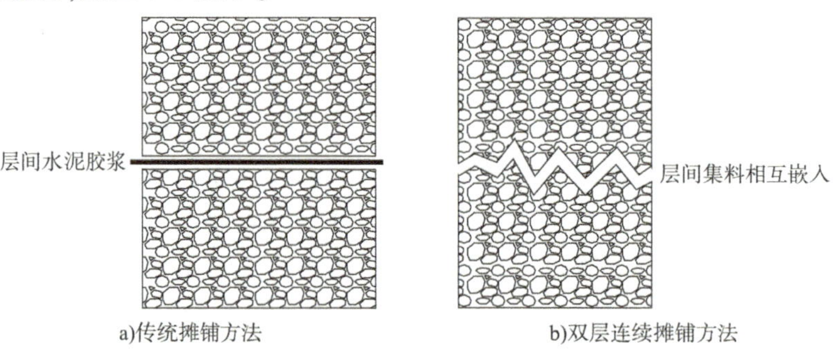

图 7-1　水泥稳定碎石混合料层间结合情况示意图

3)混合料的级配组成

相比于面层结构,基层材料所用的混合料粒径更大,一般底基层采用的最大粒径为 37.5mm,基层最大粒径为 31.5mm。双层连续摊铺中通过压路机的再压实使得大粒径集料嵌入其他结构层中,因此层间黏结效果会更好。

7.2 双层连续摊铺层间性能室内试验分析

1910 年莫尔(MOHR)提出材料的破坏是剪切破坏,当任一平面上的剪应力等于材料的抗剪强度时该点就发生破坏。可用莫尔-库伦理论描述为:

$$\tau = c + \sigma \tan\varphi \tag{7-1}$$

式中:τ——界面的剪应力;

c——上下基层之间的黏结力;

σ——正应力;

$\tan\varphi$——界面的摩擦因数。

从莫尔-库伦理论可以看出,影响层间黏结性能的指标主要分为两部分,即黏聚力和剪应力。故对双层连续摊铺材料层间黏聚力和剪应力进行了拉伸和直剪试验。

7.2.1 试件制备

为确定双层连续摊铺工艺对层间黏结性能的影响,除了模拟双层连续摊铺下的基层试件外,分别制作了两组对比试件(传统分层摊铺试件,一体摊铺试件),具体如下:

1)标准试件(一体摊铺试件)

按照《公路工程无机结合料稳定材料试验规程》(JTG E51—2009)的规定,在 ϕ150mm×150mm 的圆柱体试模中制作标准试件,标准养生 7d。试件制备示意图如图 7-2 所示。

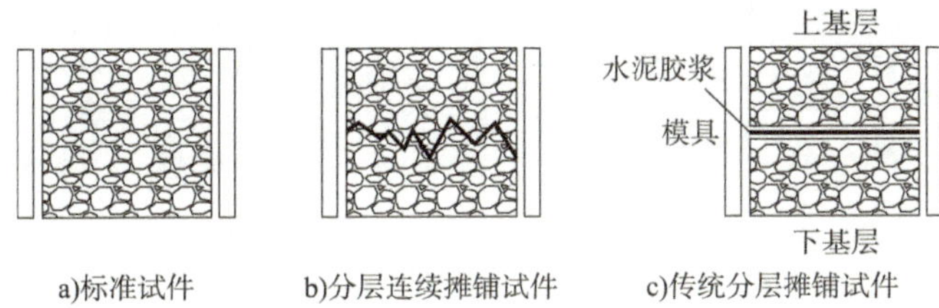

图 7-2 试件制备示意图

2)分层连续摊铺试件

按照《公路工程无机结合料稳定材料试验规程》(JTG E51—2009)的规定,在 ϕ150mm×150mm 的试模中制作试件。为模拟双层连续摊铺过程,先称取一半的混合料倒入试模中,垫入垫块进行压实,间隔 1h 后取出垫块,倒入剩余混合料压实成型,标准养生 7d。

3)传统分层摊铺试件

按照《公路工程无机结合料稳定材料试验规程》(JTG E51—2009)的规定,在 ϕ150mm×150mm 的试模中制作试件。为模拟不连续摊铺过程,称取所需混合料的一半制作试件,脱模后标准养生 7d,之后将试件重新放入试模,表面铺洒一层水泥胶浆,然后倒入同样质量的另一半混合料,压实成型,标准养生 7d。

7.2.2 层间黏结性能试验分析

1)试验方法

采用传统的拉伸试验法。将试件用环氧树脂固定在地面上,试件上端用环氧树脂与拉头固定,静置 12h,待凝固后用黏结强度检测仪进行检测,得到最大抗拉力(图 7-3)。

抗拉强度计算方法如下：

$$f_n = \frac{P}{A} \tag{7-2}$$

式中：f_n——试件抗拉强度（MPa）；

P——试件承受的最大拉力（N）；

A——试件截面面积（mm^2）。

a)

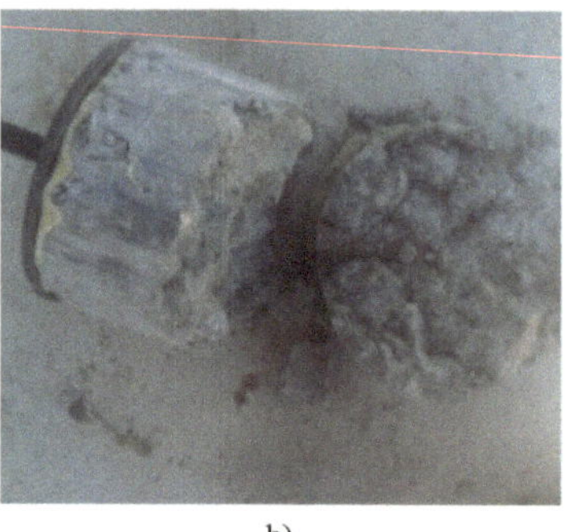

b)

图 7-3　拉伸试验过程

2）试验结果分析

对标准试件、分层连续摊铺试件、传统分层摊铺试件分别进行了拉伸试验（图 7-4），试验结果见表 7-1。

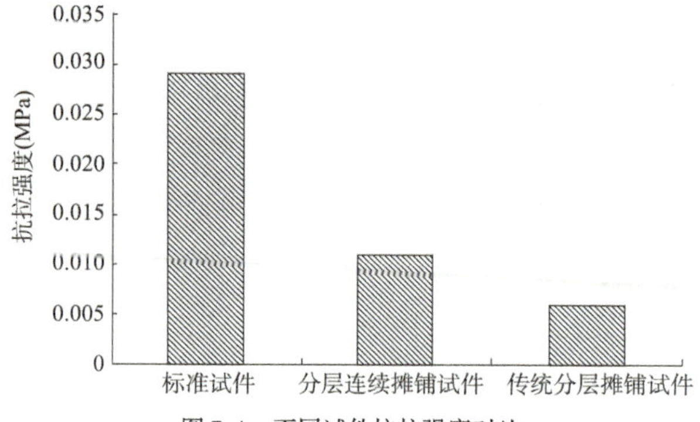

图 7-4　不同试件抗拉强度对比

室内拉伸试验结果　　表 7-1

试 件 类 型	抗拉强度（MPa）				平均（MPa）
标准试件	0.031	0.023	0.024	0.039	0.029
分层连续摊铺试件	0.008	0.007	0.015	0.014	0.011
传统分层摊铺试件	0.004	0.005	0.010	0.006	0.006

根据试验结果可知,传统分层摊铺试件的抗拉强度很小,仅为0.006MPa,层间结合能力几乎为0;双层连续摊铺试件的抗拉强度是传统分层摊铺的1.8倍,说明相比不连续摊铺,连续摊铺可以有效改善层间结合状态;双层连续摊铺试件的抗拉强度是标准试件(0.029MPa)的37.9%,说明连续摊铺工艺虽然能够显著改善层间结合状态,但距离层间结合理想状态(完全连续)还有一定差距。

3)试件层间相对深度分析

为观察不同摊铺模式对集料嵌入情况的影响,对拉断的试件表面观察处理,采用千分尺测量试件层间相对深度,结果见表7-2。不同试件断面图如图7-5所示。

试件层间相对深度测量结果　　表7-2

试件类型	构造深度(mm)				平均(mm)
标准试件	52.4	44.7	12.8	22.7	33.1
分层连续摊铺试件	12.4	14.7	9.2	17.2	13.4
传统分层摊铺试件	0.6	1.4	0.7	1.1	0.9

a)标准试件

b)双层连续摊铺试件

c)传统试件

图7-5　不同试件断面图

根据试验可以看出,传统分层摊铺试件破坏后分层明显,表面平整光洁,层间结合状态差,其集料嵌入深度仅有0.9mm。对于分层连续摊铺试件,其集料的嵌入深度达到13.4mm,试验采用的混合料最大粒径为37.5mm,其嵌入深度达到了最大粒径的35.7%。说明双层连续摊铺可以使集料更好地嵌入相对结构层中,从而获得更好的层间处置效果。

7.2.3 层间剪切性能试验分析

1)试验方法

水稳碎石基层试件与马歇尔试件不同,其直径为15cm,而普通面层剪切仪只能对10cm试件进行剪切,故不能采用传统的直剪仪器进行剪切性能试验。我们设计加工了一种剪切模具,如图7-6所示。对传统分层摊铺试件和分层连续摊铺试件养生后固定在模具上，使层间位置对准试件夹口，然后将模具连同试件放入路强仪上，检测试件断裂时的最大压力，如图 7-7 所示。

剪切强度计算方法如下：

$$\tau = \frac{F}{A} \tag{6-3}$$

式中：τ——试件剪切强度（MPa）；

F——试件承受的最大压力（N）；

A——试件截面面积（mm^2）。

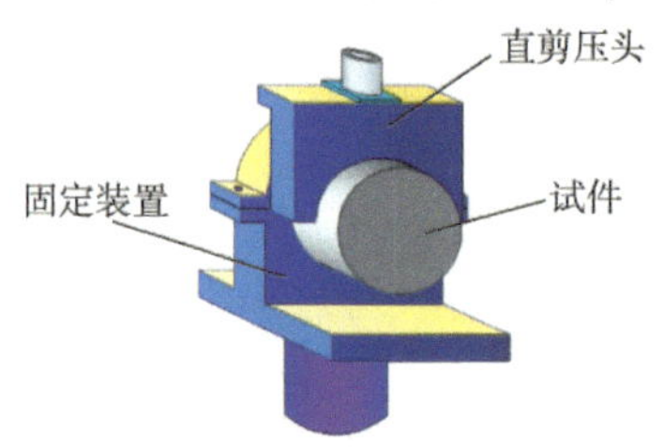

图 7-6　直剪磨具示意图

图 7-7　直剪试验过程

2）试验结果

对传统分层摊铺试件和分层连续摊铺试件分别进行抗剪强度试验，计算抗剪强度取平均值，结果见表 7-3 和图 7-8。

室内直剪试验结果　　表 7-3

试件类型	抗剪强度（MPa）				平均（MPa）
分层连续摊铺	0.271	0.187	0.139	0.219	0.204
传统分层摊铺	0.064	0.059	0.064	0.060	0.062

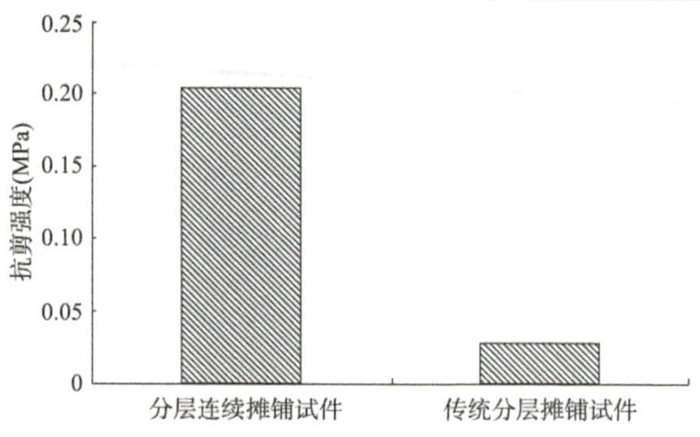

图 7-8　不同试件抗剪强度对比

两种试件的破坏都出现在界面处，传统分层试件的破坏界面光滑平整，层间结合能力几乎为0;分层连续试件的破坏界面表面凹凸粗糙,说明其层间黏结能力部分来自界面集料的相互嵌挤产生的咬合力,抗剪强度是不连续摊铺的3.3倍。这说明相比不连续摊铺,连续摊铺可以有效改善层间结合状态。

7.2.4 基层双层连续摊铺层间性能改善

根据6.2.2~6.2.3节的研究,基层双层连续摊铺拉拔、剪切性能改善情况见表7-4和图7-9。

基层双层连续摊铺层间性能改善　　表7-4

试件类型	抗拉强度(MPa)	抗剪强度(MPa)
传统分层摊铺	0.006	0.062
双层连续摊铺	0.011	0.204
改善情况	83%	229%

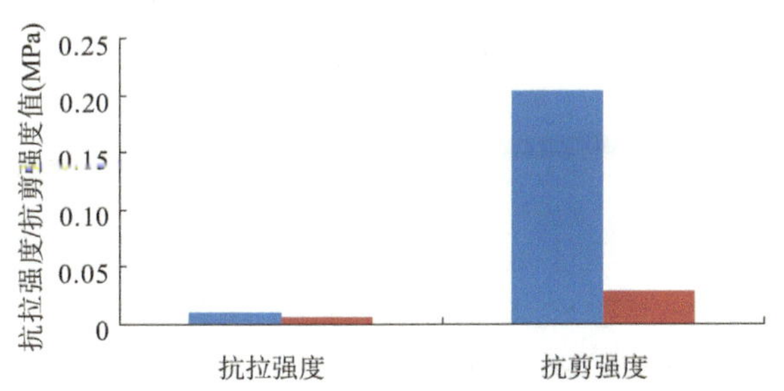

图7-9　基层双层连续摊铺层间性能改善情况对比

由表7-4及图7-9可知,基层双层连续摊铺层间抗拉、抗剪性能比传统分层摊铺有了很大的提高。双层连续摊铺7d抗拉强度为0.011MPa,比传统分层摊铺(0.006MPa)抗拉性能提高83%;7d抗剪强度(0.204MPa)改善情况显著,相当于传统分层摊铺(0.028MPa)的3.3倍。

7.3 半刚性基层层间结合状态对路面寿命影响分析

7.3.1 基层层间黏结效果对层底拉应力的影响

我国沥青路面设计方法采用了弹性层状理论,其理论是假设各结构层之间是连续的，然而实际情况下，沥青路面各结构层之间的接触状态是处于完全连续至完全光滑之间的，其层间黏结效果对各层的应力和应变分布具有很大的影响。

根据上文试验结果可知，双层连续摊铺工艺较传统的施工工艺方法可以有效地改善层间黏结效果，本书运用 Bisar3.0 有限元分析软件，通过设定不同的层间摩擦因数计算各结构层层底拉应力，从而计算层间黏结效果对道路疲劳寿命的影响。

1）路面结构设计及参数选择

为简化计算，假设路面结构共有 4 层，分别为沥青面层、上基层、下基层及土基（图 7-10）。面层与上基层、下基层与土基层间均为完全光滑，调整上基层与下基层之间的摩擦因数 f，计算各结构层层底拉应力。

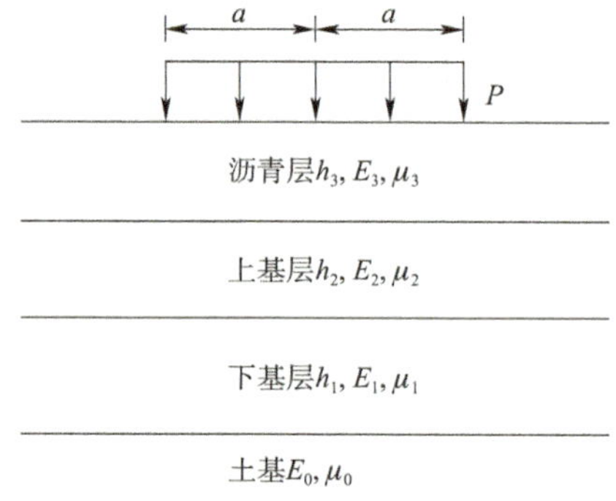

图 7-10　模拟路面结构

注：h 代表层厚；E 代表抗压回弹模量；μ 代表泊松比。

相关各参数如表 7-5、表 7-6 所示。

各结构层计算参数　　表 7-5

结构层名称	厚度（cm）	抗压回弹模量（MPa）	泊　松　比
沥青面层	10	1500	0.25
上基层	16	2000	0.20
下基层	16	2000	0.20
土基	16	80	0.35

标准轴载（BZZ-100）计算参数　　表 7-6

标准轴载（kN）	轮胎接地压强（MPa）	单轮当量圆直径（cm）	两轮中心距（cm）
100	0.7	21.30	1.5d

2）基层层间摩擦因数选择及计算结果分析

基层层间摩擦系数 f 取 0 ~ 1 时，当 f = 0 时，路面层间接触为 0，相当于层间是光滑的；当$f=1$时，表示路面层间是完全连续的。故本书设定$f=0.2$、0.4、0.6、0.8、1，计算各结构层层底弯拉应力随层间摩擦因数的变化，计算结果见表7-7。

层底拉应力计算结果　　表7-7

摩擦系数	沥青层(MPa)	上基层(MPa)	下基层(MPa)
0.2	0.116	0.184	0.223
0.4	0.004	0.115	0.217
0.6	-0.069	0.082	0.214
0.8	-0.124	0.062	0.211
1.0	-0.167	0.050	0.209

由图7-11可知，随着基层层间摩擦系数的增大，各结构层层底拉应力不断下降，其中沥青层的下降速度最快，当摩擦系数大于0.4时，沥青层层底受力状态由受拉变为受压，上基层层底拉应力随着摩擦系数的增大也有明显减小。这说明，改善基层之间的层间结合状态，能够使得整个路面结构各层的受力状态得到显著改善。

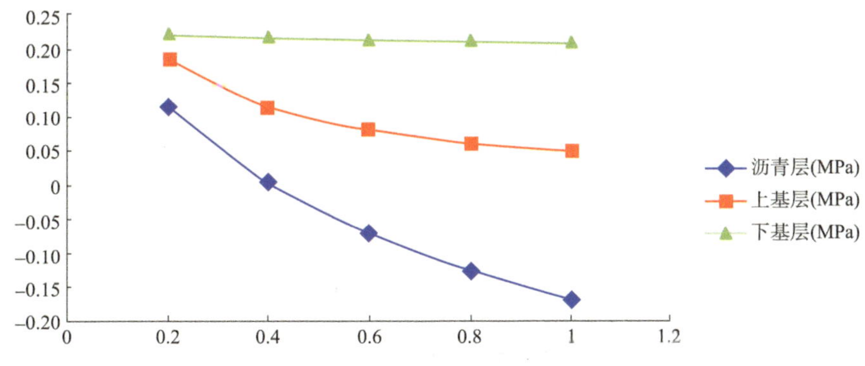

图7-11　层底拉应力随摩擦因数变化曲线

随着摩擦系数的增大，各层层底拉应力的减小幅度不断降低，在摩擦系数较小的状态下，增强层间结合能力可以显著改善各层层底拉应力。从层间结合性能试验结果可知，不连续摊铺基层之间层间黏结很弱，其抗剪强度仅为连续摊铺的14%，其对应的摩擦系数很小，因此，将基层摊铺方法从不连续摊铺改为连续摊铺，可以显著改善路面结构的受力状态。

7.3.2 双层连续摊铺结构层层底拉应力改善

在7.2节的层间性能试验中，我们得到传统施工下层间抗拉强度为0.006MPa，双层连续摊铺工艺下层间抗拉强度为0.011MPa，标准试件即层间是连续状态下层间抗拉强度为0.029MPa。将$f=1$假设为层间完全连续状态，并据此对传统施工下层间摩擦因数及双层连续摊铺下层间摩擦因数进行计算，得到传统施工条件下层间摩擦因素为0.21，双层连续摊铺施工工艺下层间摩擦因数为0.33。

计算两种不同基层的路面结构层底拉应力，结果如表7-8所示。

两种不同基层的路面结构层底拉应力　　表7-8

摊铺方法	摩擦系数	沥青层(MPa)	上基层(MPa)	下基层(MPa)
传统分层	0.21	0.114	0.183	0.223
双层连续	0.33	0.061	0.149	0.219

由表7-8可知，双层连续摊铺基层之间的摩擦系数比传统分层摊铺提高了52.6%，沥青层层底拉应力降低了46.5%，上基层层底拉应力降低了18.6%，下基层层底拉应力降低了1.8%。

7.3.3 沥青路面各结构层疲劳寿命方程计算

沥青路面结构设计以层底弯拉应力为设计指标时，其设计标准为：路面各结构层在标准轴载作用下的层底最大拉应力σ小于设计容许最大拉应力σ_r：

$$\sigma \leqslant \sigma_r \tag{7-4}$$

式中：σ——计算层底最大拉应力；

σ_r——材料容许最大拉应力。

根据研究，材料容许拉应力计算公式为：

$$\sigma_r = \frac{\sigma_s}{K} \tag{7-5}$$

式中：σ_s——试验获得沥青混合料或者水稳混合料极限劈裂强度(MPa)，一般沥青混合料取1.0～1.2，水泥稳定碎石混合料取0.5～0.8；

K——抗拉强度结构系数。

抗拉强度结构系数参见式(7-6)计算方法：

$$K = \frac{A \cdot N^B}{A_c} \tag{7-6}$$

式中：A、B——抗拉强度结构计算系数；

N——设计年限内一个车道的累计当量轴次；

A_c——公路等级系数，高速公路、一级公路取1.0，二、三级公路取1.1，四级公路取1.2。

对水泥稳定碎石混合料来说，式(7-6)中计算系数可以调整为：

$$K_2 = \frac{0.35N^{0.11}}{A_c} \tag{7-7}$$

若已知各结构层层底最大拉应力，则可以通过式(7-4)～式(7-7)反算得知路面结构设计年限内车道累计当量轴次 N，计算公式见式(7-8)：

$$N = \left(\frac{\sigma_s A_c}{\sigma A}\right)^{\frac{1}{B}} \tag{7-8}$$

将上式取双对数形式，则得出式(7-9)：

$$\lg N = a - b\lg\left(\frac{\sigma}{\sigma_s}\right) \tag{7-9}$$

式中：a、b——相关系数，$a = \frac{1}{B}\lg\left(\frac{A_c}{A}\right)$，$b = \frac{1}{B}$，代入式(7-7)、式(7-8)，结合内蒙古省道203满阿段设计标准为一级公路，A_c 取1.0。可以得出水泥稳定碎石混合料的疲劳寿命预估公式，如式(7-10)所示。

$$\text{水稳混合料：}\lg N = 4.14 - 9.09\lg\left(\frac{\sigma}{\sigma_s}\right) \tag{7-10}$$

7.3.4 双层连续摊铺对路面寿命改善效果分析

通过试验可以发现，双层连续摊铺工艺较传统施工工艺上在层间的处置效果更加优良，其层间连续性更好。本节主要是在上文研究的基础上对基层疲劳寿命进行计算，以获得相比传统施工方法下双层连续摊铺施工工艺在道路基层使用寿命上的改善效果。

从图7-11中可以看出，下基层的层底拉应力最大，使用寿命也相对较低。故只需对下基层疲劳寿命进行计算。根据下基层层底拉应力的计算结果，代入式(7-10)，计算结果如表7-9所示，σ_s 水稳混合料取0.5MPa。

疲劳寿命计算结果　　表7-9

层间摩擦因数	下基层层底拉应力(MPa)	疲劳寿命(10^7)
0.2	0.223	2.1
0.4	0.217	2.7
0.6	0.214	3.1
0.8	0.211	3.5
1	0.209	3.8

由图7-12可以看出,层间摩擦因数对道路结构层疲劳寿命的影响是非常显著的,层间结合效果越好,其道路使用寿命越高。当层间摩擦因数从0.2增长到1时,其使用寿命年限内当量轴次从2.1×10^7增长到3.8×10^7,由此可见,提高基层层间结合效果,特别是对该基层层间使用寿命的提高是十分明显的。

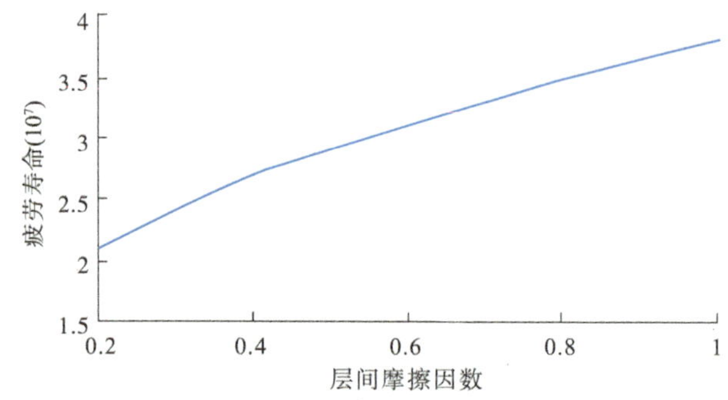

图7-12 层间摩擦因数和当量轴载关系曲线

在7.2节的层间性能试验中,我们得到传统施工下层间抗拉强度为0.006MPa,双层连续摊铺工艺下层间抗拉强度为0.011MPa,标准试件即层间是连续状态下层间抗拉强度为0.029MPa。可将$f=1$假设为层间完全连续状态,并据此对传统施工下层间摩擦因数及双层连续摊铺下层间摩擦因数进行计算,得到传统施工条件下层间摩擦因素为0.21,双层连续摊铺施工工艺下层间摩擦因数为0.33。将其摩擦因数代入式(7-10)中,计算不同摊铺工艺下基层疲劳寿命,如表7-10所示。

不同摊铺工艺疲劳寿命改善效果 表7-10

摊铺施工方法	层间摩擦因数	下基层层底拉应力(MPa)	疲劳寿命(10^7次)	改善效果
传统施工	0.21	0.223	2.1	提高19%
双层连续摊铺	0.33	0.219	2.5	

由表7-10可以看出,在改变基层摊铺方式的情况下,通过改善基层层间结合状态,能够大幅改善结构层受力情况,提高路面结构使用寿命。传统施工层间摩擦系数0.21,上基层层底拉应力为0.223MPa,疲劳寿命2.1×10^7次,双层连续摊铺时摩擦系数0.33,上基层层底拉应力为0.219MPa,疲劳寿命2.5×10^7次,采用双层连续摊铺施工工艺较传统施工方法相比,基层使用寿命提高了19%。

第8章 半刚性基层材料大压实功压实规律

水泥稳定碎石基层的强度是由水泥、集料、水及添加剂之间发生一系列的物理、化学反应产生。影响强度的因素主要包括无机结合料的种类、剂量,集料的强度、级配组成、含水率、龄期、养护条件、施工条件和压实条件等。双层连续摊铺技术较传统施工方案相比其基层压实厚度更大,采用大吨位压路机不但能够提高道路承载力,而且还会使稳定性、耐久性提高,从而延长道路的服务寿命。本章通过变化击实次数和增减击实锤重量的方法,研究了不同的击实方法改变击实功,对水泥稳定碎石材料的最佳含水率、最大干密度、压实曲线等的影响,提出了在半刚性基层施工时控制压实质量的参数选择与控制方法。

8.1 压实设备的压实性能与效果分析

8.1.1 不同压路机压实能力分析

1)静力钢轮压路机压实能力分析

(1)轴荷载

轴载的大小直接影响着压缩变形量的大小,二者呈正比关系。故采用大吨位压路机碾压时,可以使密实度达到很大,材料的深层也能得到压实。

(2)线压力

线压力反映的是压路机对碾压材料产生的垂直作用力。其与压实能力有直接影响,但不能过大,当超过被压材料层的允许单位线压力,会造成破坏。

(3)碾压速度

提高碾压速度可以提高碾压效率,故压路机的工作速度应为在保证被压路面质量前提下所允许的最高速度。

中大 YZC13/17 钢轮压路机如图 8-1 所示。

图 8-1 中大 YZC13/17 钢轮压路机

2)振动压路机压实能力分析

(1)自重

一般来说,具有较大静重和静线压力的振动压路机具有较大的振动质量。振动质量较大的压路机能使较大的尺寸的被压材料产生运动,增加了材料参加运动的质量,使材料更容易被压实。

(2)振动频率与振幅

压实效果受振动压路机的频率和振幅的影响很大。振动频率对压实效果的最大区间在 25 ~ 50Hz。一般情况下,频率相同,增大振幅,压实效果会明显提高。

(3)碾压轮直径和宽度

对于两个具有相同振幅和振动质量的滚轮所引起的参加振动被压材料质量相同,但宽度小的滚轮其穿透效果明显深于宽度大的滚轮,因为在相同的材料振动质量下,窄轮沿轮宽传播振动的范围小,所以穿透较深。

中大 YZ32D 大吨位振动压路机如图 8-2 所示。

3)轮胎压路机压实能力分析

(1)轮胎尺寸与轮载

具有不同轮胎尺寸的压路机在不同的轮载时能够产生相同的接触压力。

(2)轮胎充气压力

所有的压路机轮胎均可以在规定范围和胎环设计所容许的最大充气压力以内,改变轮胎的负荷和充气压力来变换其接触压力。

研究资料表明,在标准 552kPa 的接触压力下,各种轮胎的接触面积和接触宽度差别很小,为了取得 552kPa 的接触压力,当轮载相等时,轮胎的尺寸愈大,则需要的充气压力也愈大。

中大 YL37 轮胎压路机如图 8-3 所示。

图 8-2 中大 YZ32D 大吨位振动压路机

图 8-3 中大 YL37 轮胎压路机

8.1.2 常用压路机性能参数调查

目前,我国道路施工采用的压实设备主要有静力钢轮压路机、振动压路机和轮胎压路机。通过对几种国内外常用压实设备进行调查对比分析,获得比较全面的压实性能参数,为大压实功压实规律研究提供科学依据。常用压实设备如图 8-4 所示。

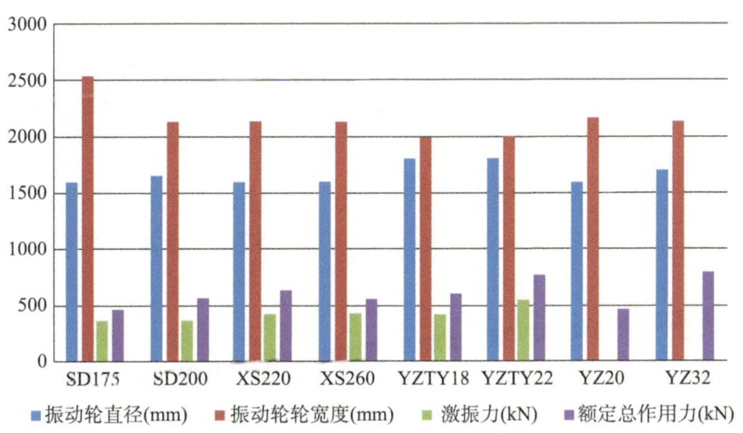

图 8-4 常用压实设备性能对比

8.1.3 大吨位压路机的压实效果分析

在我国道路施工中对于半刚性基层采用的压实设备的吨位普遍在 18 ~ 22t,但对于大厚度基层,小吨位的压实设备效率不及大吨位压实设备。经过研究发现,压应力与压实力呈正比关系,现利用压应力来表征压实作用效果。通过 Bisar3.0 对比计算吨位为 18t 与 32t 压实设备的压应力,绘制成图,如图 8-5 所示。

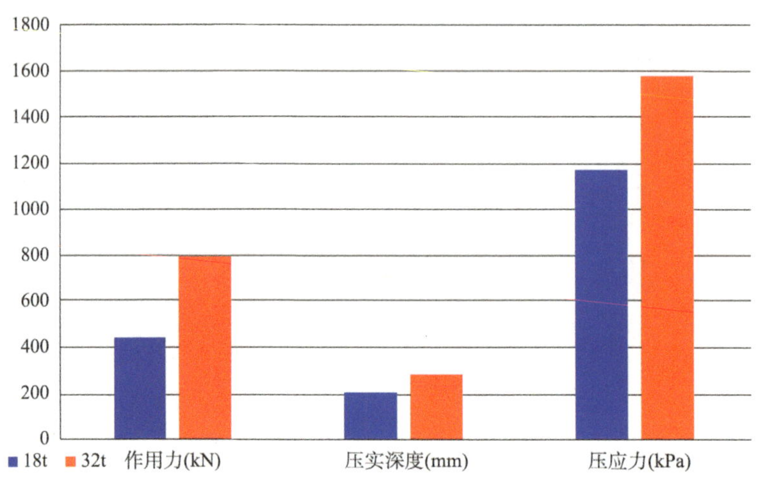

图 8-5　不同吨位压实效果对比

由图可以看出,32t 的压实设备压实 28cm 厚水稳层的压实效果要高于 18t 的压实设备压实 20cm 厚水稳层。由此可知,大吨位压实设备压实大厚度半刚性基层,其压实度也能够满足规范要求。

8.2 不同压路机的压实机理

现代压实方法常见的有静力压实、搓揉压实、振动压实、夯实和冲击压实。而适用于水泥稳定碎石施工的压实方法主要有静力压实、振动压实和夯击压实。其压实机理简要分析如下。

1)静力压实

将重物置于被压材料的表面,利用重物的重力,对被压材料施以压力,以克服松散材料中固体颗粒间的滑动摩擦力和黏附力,同时排除空气,使被压材料逐渐产生变形,趋于密实。但是有限的静力只能引起被压材料较小的变形,只能获得较低的压实度,一般用于初压。

2)夯实

利用专门的设备对被压材料施以冲击作用力,破坏被压材料内部颗粒之间原来的连接,强迫颗粒产生移动,进行重新排列,变得更加密实。由于夯击压力波较振动压力波能传至更深的层面,所以,夯实能获得最大的压实深度。在水泥稳定碎石施工路面中,压实机械不能到达的边界,就常常采用人工平板夯进行夯实。

3)振动压实

利用专门的设备可对被压材料施以连续的振动作用,使被压材料内部颗粒间的连接力和摩擦力减弱,克服集料与相邻集料脱离咬合产生的咬合摩擦力(颗粒接触面粗糙不平形成的细微咬合力)。其中,颗粒间距的微弱增长,会使微细咬合摩擦力产生很大的衰弱。振动压实就是使颗粒质点间的距离产生微弱增长,从而使咬合摩擦力减小,导致振动轮下的粒料随着振动而挤密,颗粒间的部分集料将随之压实,但部分细集料也将因被挤出而松散。振动压实不仅作用深度较大,而且能获得较大的压实度,压实功效较大。

振动压实在土中产生的剪切应力大于土的抗剪强度时,才能使土颗粒重新排列,土体压密变实。振动压实使集料之间的移动除要克服滑动,还要克服咬合摩擦,咬合摩擦是由集料与相邻集料脱离咬合而产生的,即

$$\Phi = \Phi_u + \Phi_l$$

式中:Φ_u——滑动摩擦角(°);

Φ_l——咬合摩擦角(°)。

咬合摩擦力是颗粒接触面粗糙不平形成的细微咬合力。其中,颗粒间距离的微弱增长,会使微细咬合摩擦力产生很大的衰减。振动压实就是使颗粒质点间的距离产生微弱增长,从而使咬合摩擦力减小,导致振动轮下粒料随着振动而挤密。微观效果的累积最终表现的宏观效果是混合料的密实导致力学强度增加。

8.3 击实功对最大干密度和最佳含水率的影响因素分析

8.3.1 现行击实试验原理分析

重型击实试验是采用固定体积的击实筒和锤击功,调整试样的不同含水率进行击实试验。对于路面压实度的测定方法,目前国内外比较常用的方法是现场密度测量值与室内标准测定的最大干密度之比。当进行重型击实试验时,主要是使用击实桶和击实锤在一定的高度下落,进行数次锤击,通过改变含水率,得到混合料的最大干密度和其对应的最佳含水率。该试验的原理就是当给材料一定的夯压能量时,材料颗粒会因此进行重新排列,达到紧密的程度,从而会在比较短的时间内形成新的结构强度。

8.3.2 击实功的计算

《公路工程无机结合料稳定材料试验规程》(JTG E51—2009)中规定，将水泥稳定碎石试样分层放置于标准的击实筒内，采用4.5kg的击实锤，利用落差45cm进行一定次数的击实，其计算公式为：

单位击实功 W = 击实锤重量 × 击实锤落差 × 锤击次数/击实筒体积

为了研究在不同击实功情况下，水稳混合料的击实曲线及变化规律，课题组通过改变击实次数和增减击实锤重量的方法，研究了改变击实功对半刚性材料的最佳含水率、最大干密度、压实曲线的形状等参数的影响，考虑到重锤击实仪击实过程中7次为一个循环，其改变的次数设定为7的倍数。

共进行4组不同压实功下的水稳材料击实试验，试验方案如下：

试验方案1，按《公路工程无机结合料稳定材料试验规程》(JTG E51—2009)中规定，击实锤质量为4.5kg，落差45cm，击实筒容积2177cm^3，混合料分三层击实，每层击实遍数为98次。单位击实功为2.7J。

试验方案2，对《公路工程无机结合料稳定材料试验规程》(JTG E51—2009)中规定方法进行改良，混合料分三层击实，每层击实遍数为77次。单位击实功为2.1J。

试验方案3，对《公路工程无机结合料稳定材料试验规程》(JTG E51—2009)中规定方法进行改良，混合料分三层击实，每层击实遍数为119次。单位击实功为3.3J。

试验方案4，对《公路工程无机结合料稳定材料试验规程》(JTG E51—2009)中规定方法进行改良，击实锤质量设为3.5kg，其他参数不变。单位击实功为2.1J。

具体参数见表8-1。

试验击实功计算　　表8-1

试验类别		试验方案1	试验方案2	试验方案3	试验方案4
击实锤质量(kg)		4.5	4.5	4.5	3.5
锤击面直径(cm)		5	5	5	5
落高(cm)		45	45	45	45
击实筒尺寸	内径(cm)	15.2	15.2	15.2	15.2
	高(cm)	12	12	12	12
	容积(cm^3)	2177	2177	2177	2177
锤击层数		3	3	3	3
每层击实次数		98	77	119	98
单位击实功(J)		2.7	2.1	3.3	2.1

8.3.3 重型击实方案试验步骤

试验参照《公路工程无机结合料稳定材料试验规程》(JTG E51—2009)中无机结合料稳定材料击实试验方法进行,试验仪器包括多功能击实仪(击实锤为3.5kg、4.5kg)、击实筒、电子秤、刮刀、烘箱等。

(1)取试样大约5kg。

(2)初定含水率为5%、6%、7%、8%、9%,加水拌和放置1h。

(3)向经过浸润之后的试样加入水泥并进行充分拌和。

(4)将试样分三次均匀放入击实筒中进行击实,每层击实98次(试验方案2、3分别为77次和119次)。

(5)用刮土刀将试样齐筒顶刮平,擦净外壁,称其质量m_1。

(6)用脱模器将试样脱出,称试筒的质量为m_2,并由上至下分别取两个有代表性的样品测其含水率为ω。

计算材料湿密度为:

$$\rho_{\omega}=\frac{m_1-m_2}{V} \tag{8-1}$$

式中:V——击实筒的体积,2177cm^3。

材料的干密度为:

$$\rho_{d}=\frac{\rho_{\omega}}{1-0.01\omega} \tag{8-2}$$

(7)以干密度为纵坐标、含水率为横坐标,绘制含水率—干密度曲线。将各点按二次曲线方法拟合曲线,曲线的峰值点对应的含水率及干密度为最佳含水率和最大干密度。

(8)对试验方案1、2、3、4分别进行以上试验,绘制得到4条不用的击实曲线,如图8-6所示。

图8-6　重锤击实试验

8.3.4 试验结果分析

对以上4组分别进行击实试验，测量并计算其含水率、干密度，通过得到的数据，深入研究不同击实功对最佳含水率和最大干密度的影响规律，从而得到具体试验数据如表8-2所示，统计绘制成图，如图8-7、图8-8所示。

击实试验数据　表8-2

试验类别	项目	1	2	3	4	5	最佳含水率 最大干密度
试验方案1	含水率(%)	4.9	5.5	6.7	7.8	9.2	7
	干密度(g·cm^{-3})	2.091	2.108	2.169	2.15	2.117	2.242
试验方案2	含水率(%)	4.9	6	7.2	8.5	9.4	6.9
	干密度(g·cm^{-3})	2.173	2.214	2.239	2.156	2.104	2.171
试验方案3	含水率(%)	5.6	6.2	6.9	8	8.9	6.9
	干密度(g·cm^{-3})	2.135	2.169	2.229	2.144	2.102	2.229
试验方案4	含水率(%)	5.7	6.5	7.1	8.4	9.5	8.3
	干密度(g·cm^{-3})	2.092	2.119	2.137	2.171	2.121	2.172

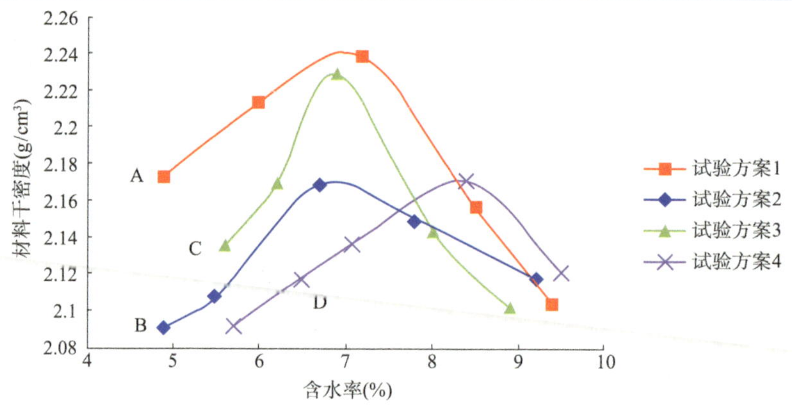

图8-7　材料击实曲线

根据以上结果可进行如下分析：

(1)由曲线A、B及曲线A、D可知击实功的增加，水稳混合料的最大干密度增加。增加击实次数从77次至98次，当击实功从2.1J增加到2.7J时，其最大干密度从2.171g/cm^{3}增加到2.242g/cm^3；增加击实锤质量从3.5kg至4.5kg，当击实功从2.1J增加到2.7J时，其最大干密度从2.172g/cm^{3}增加到2.242g/cm^3。

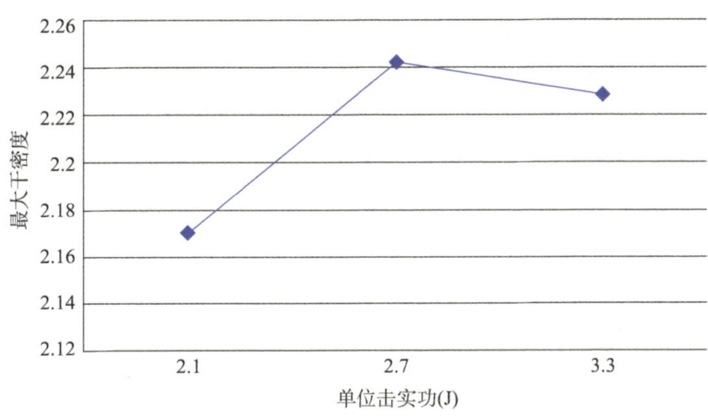

图 8-8 压实功与最大干密度关系

(2)由曲线 B、D 可以得出,增加击实功可以通过增加击实次数或增加击实力的方法进行,两种方法均可以达到增加最大干密度,但是其明显区别是,增加击实次数方法得到的最佳含水率要大于增加击实力得到的最佳含水率。曲线 A 较曲线 D 明显向左上方移动,由此可知,通过增加击实力来增加击实功,可以使材料最大干密度增加,最佳含水率减小。

(3)由曲线 A、C 可以看出,其干密度的增加是有限度的,当击实次数超过 98 次,其最大干密度从 2.242g/cm^3 降低到 2.229g/cm^3,这是由于压实力一定的状况下,含水率过高,过度的增加碾压变数会产生“弹簧”现象。

8.4 压实机械的选择及现场碾压检测试验

8.4.1 压路机吨位选择

半刚性基层压实的基本原理是在压路机的碾压下,混合料中产生的剪应力大于其抗剪强度,使颗粒重新排列,小颗粒嵌入大颗粒的空隙中形成密实结构。施工中使用的压实机械主要为单钢轮振动压路机,振动压路机有不同的吨位,同一台压路机又有不同的振幅和频率可供选择。

振动压路机的吨位应根据混合料的种类和铺层厚度确定,压实力过小,单纯增加碾压遍数不仅要求最佳含水率较高,而且很难达到要求的压实度,混合料含水率过大还会增加开裂的可能性。当然压路机吨位也不能过大,以免将石料击碎,对下承层产生影响,或出现碾压“弹簧”现象。

在选择压路机振幅和频率时应注意,低振幅由于激振力较小,没有足够的穿透能力,在压实厚铺层时,导致上部密实度较大,而下部密实度很小。因此在压实厚铺层时,应首先使用重型压路机,建议压路机的吨位按铺层厚度选择,见表 8-3。

压路机吨位选择 表 8-3

层铺厚度(cm)	<15	15~20	20~30	>30
压路机重量(t)	12	15	20	32

8.4.2 现场试验

试验路段位于内蒙古自治区省道 203 满阿线第 8 标段 K114+100~K114+300 底基层碾压,底基层厚度为 32cm,根据表 8-3,采用中大 YZ32D 振动压路机(32t)进行振动压实。压实方法为先采用中大 YZC13/17 光轮压路机静压一遍,然后采用中大 YZ32D 振动压路机碾压 1、2、3、4 遍,最后用轮胎压路机终压一遍,分别检测其压实度,直到满足要求(>97)为止,检测结果如图 8-9、图 8-10 和表 8-4 所示。

图 8-9 现场压实检测

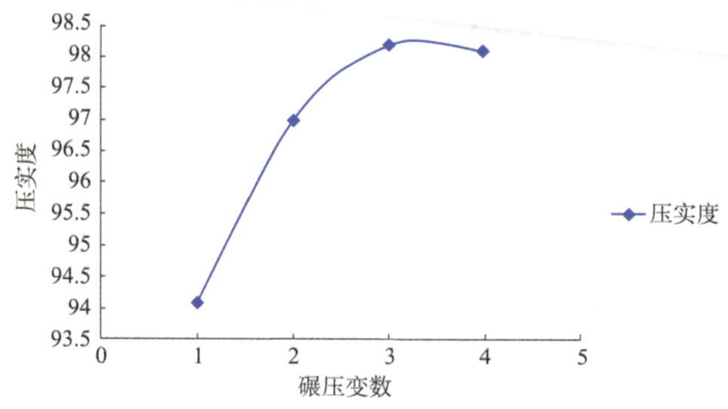

图 8-10 现场碾压压实度检测

碾压变数与压实度　　表 8-4

碾压变数	1	2	3	4
压实度	94.1	97	98.2	98.1

碾压过程中，碾压开始时压实度随着压实遍数的增加，即随着压实功的增加而增加，近似直线上升。但碾压到 3 遍后，虽然碾压遍数在增加，但压实度没有增加反而下降。这是由于路基材料含水率过高，单纯增加碾压次数会因为压实功的增加把水稳材料已经形成的压实效果破坏并重新组合，导致压实度降低。

从碾压效果来看，碾压中重型压路机振动碾压完成后，基层表面均存在表面细小石子跳起的情况，导致表面稍有松散，分析其原因为振动压路机功率较大，在较厚结构层上进行施工时，激振力由上部传达至底部，水泥稳定碎石这种散体材料逐渐密实，但表面层部分集料由于尚未完全固结，在较强的激振力作用下产生跳动。对此可在振动碾压完成后立即采用胶轮压路机进行碾压，利用胶轮压路机的揉搓作用予以稳定，表面即可达到密实的状态。

根据以上可以得出，试验路段基层应采用的压实方案为光轮压路机静压 1 遍，32t 振动压路机碾压 3 遍，最后用轮胎压路机终压 1 遍的压实方法。

第9章 大厚度基层压实度评价与检测方法

双层连续摊铺施工工艺采用上下基层同步成型的养生方法，但由于其厚度过大，上下层压实度较容易产生差异，下部散体材料不密实，将严重影响水泥稳定碎石基层的路用性能。故而本章主要研究了大吨位压路机下大厚度基层的压实效果；根据对工程实际应用情况及现行施工规范的研究与分析，提出了大厚度基层压实度分层检测的方法，以为大厚度基层连续摊铺压实度检测提供技术支撑。

9.1 大吨位压路机技术参数调查分析

9.1.1 内蒙古自治区常用压路机调查分析

半刚性基层压实的基本原理是在压路机的碾压下，混合料中产生的剪应力大于其抗剪强度，使颗粒重新排列，小颗粒嵌入大颗粒的空隙中形成密实结构。

振动压路机的吨位应根据混合料的种类和铺层厚度确定，压实力过小，单纯增加碾压遍数不仅要求最佳含水率较高，而且很难达到要求的压实度，混合料含水率过大还会增加开裂的可能性。

在基层压实过程，对于振动压路机选择至关重要，若选择振动压路机的压实力过小，想要通过简单地增加压实的次数难以达到设计的压实度；若选择的压实吨位过大，可能因此而将集料压碎，改变了其设计的配合比，影响道路的实际路用性能。表9-1调查了内蒙古道路施工常用的压路机参数。

选择压路机振幅和频率时，低振幅由于激振力较小，没有足够的穿透能力，在压实厚铺层时，导致上部密实度较大，而下部密实度很小。因此在压实厚铺层时，应首先使用重型压路机，建议压路机的吨位按铺层厚度选择，摊铺厚度小于15cm

时，宜采用12t 压路机；厚度在15～20cm 时采用15t 压路机；厚度为20～30cm 时采用20t 压路机；当厚度大于30 时采用32t 压路机。

常用压路机参数调查表　　表9-1

型　号	整机质量（t）	振动轮直径（mm）	振动轮轮宽度（mm）	激振力（kN）	额定总作用力（kN）
SD175	11.2	1600	2540	360/180	472
SD200	20.4	1651	2134	368/137	572
XS220	22.5	1600	2130	416/280	641
XS260	25.6	1600	2130	430/290	560
YZTY18	18.0	1800	2000	420	600
YZTY22	22.0	1800	2000	550	770
YZ20	19.8	1600	2170	345/266	470
YZ32	32.0	1700	2130	590/450	800

9.1.2 不同层位压实应力计算分析

基于对振动压实理论的研究与分析，将大吨位振动压路机的荷载应力转化为半径为 a、应力集度为 P 的集中荷载。其中，半径和应力集度计算公式如下：

$$a = 0.15\sqrt{DL} \tag{9-1}$$

式中：a——半径；

D——振动轮的直径；

L——振动轮轮宽。

$$P = \frac{13(G + F_0)}{DL} \tag{9-2}$$

式中：G——振动轮净重；

F_0——离心力或激振力。

结合碾压设备调查情况，对部分施工现场常用的振动压路机荷载应力转化为圆形均布荷载，计算结果如表9-2 所示。

振动压路机在对基层振动压实的过程中，其振动作用力会逐层传递。利用弹性层状体系理论，将振动压路机压实转化为圆形均布荷载进行力学分析，如图9-1 所示。

振动压路机当量圆半径、路面应力　　表 9-2

型　号	振动轮净重 (kg)	激振力 (kN)	振动轮直径 *D* (m)	轮宽 *L* (m)	当量圆半径 *a* (m)	路面应力 (MPa)
YZC10J	5500	85	1.20	1.7	0.21	0.89
DD-110	5975	133.4	1.37	1.98	0.25	0.93
骏马 YZ6C	6000	67.3	1.10	1.5	0.19	1.00
DD-130	7032	160	1.40	2.033	0.25	1.05
SD-180	11200	360	1.60	2.54	0.30	1.51
XG6141M	7000	275	1.55	2.13	0.27	1.36
YZ32	21000	590	1.78	2.18	0.30	2.68
YZ32KA	21000	590	1.70	2.18	0.29	2.81

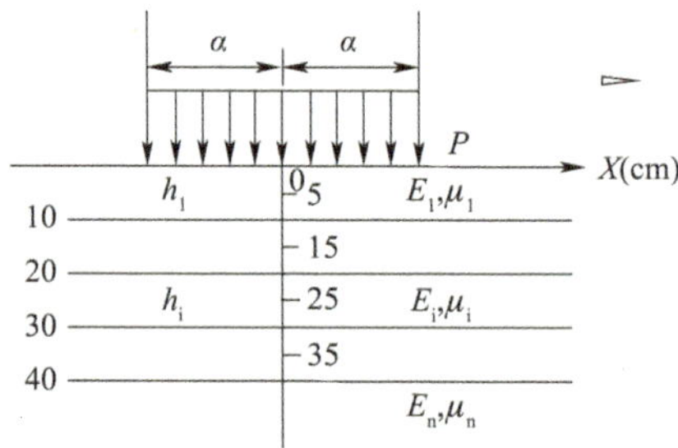

图 9-1　弹性连续体系力学分析示意图

采用弹性层状体系理论，将振动压路机的荷载简化为圆形均布荷载的前提下，计算基层压应力变化。

运用 Bisar3.0 有限元分析软件，通过设定分析了不同压路机在不同层位的压应力变化，级配碎石抗压模量取 E_0 为 350MPa，泊松比取到 μ 为 0.25。压应力计算结果如表 9-3 所示。

振动压路机压实各层压应力　　表 9-3

型　号	层位(m)			
	5.000×10^{-2}	1.500×10^{-1}	2.500×10^{-1}	3.500×10^{-1}
YZC10J	-8.789×10^{5}	-7.152×10^{5}	-4.904×10^{5}	-3.288×10^{5}
骏马 Y26C	-9.835×10^{5}	-7.621×10^{5}	-4.953×10^{5}	-3.212×10^{5}
DD-130	-1.042×10^{6}	-9.070×10^{5}	-6.788×10^{5}	-4.842×10^{5}
SD-180	-1.503×10^{6}	-1.375×10^{6}	-1.114×10^{6}	-8.491×10^{5}

续上表

型　号	层位(m)			
	5.000×10^{-2}	1.500×10^{-1}	2.500×10^{-1}	3.500×10^{-1}
XG6141M	-1.352×10^{6}	-1.204×10^{6}	-9.335×10^{5}	-6.849×10^{5}
YZ-32	-2.668×10^{6}	-2.440×10^{6}	-1.977×10^{6}	-1.507×10^{6}
YZ32KA	-2.796×10^{6}	-2.538×10^{6}	-2.028×10^{6}	-1.527×10^{6}

计算表明，35cm 以内，振动压路机压实对于各层压实应力数值的变化一般为 0.56～1.29MPa。

由图 9-2 可以分析得到，随着振动压路机压实吨位（振动轮净重＋激振力）的增加，其压实应力也不断提高；振动压路机的压实吨位越大，其各层之间压实应力的递减相对也越快。

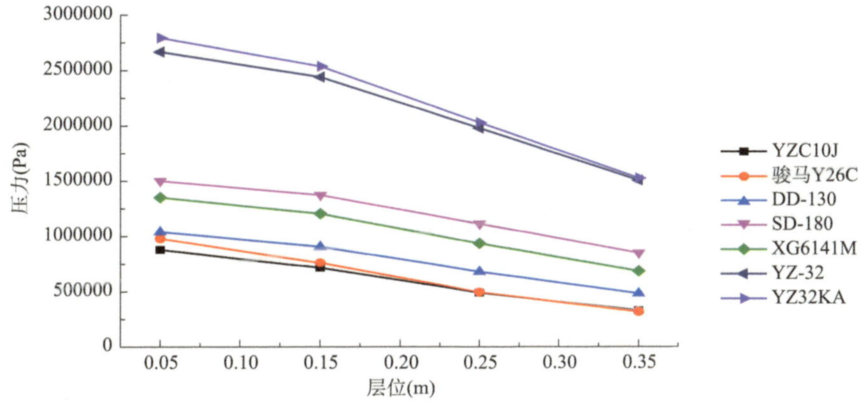

图 9-2　振动压路机的压应力变化曲线

9.2 现行施工规范压实度及厚度要求

9.2.1 现行规范压实度检测方法分析

1）灌砂法

灌砂法是利用标准间颗粒的砂去置换填挖洞的体积，它是当前最普遍的检测方法，准确度高，很多工程都把灌砂法列为现场测定密度的主要方法。它的缺点是：需要携带较多量的砂，而且称量次数较多，测试速度较慢。

2)水袋法

水袋法是在测量压实度的位置挖一个圆形试验用的洞,取样及测量含水率的要求与灌砂法相同,测量试洞的体积时,将薄橡皮袋放入试洞中,在规定压力下将水压入橡皮袋中,使橡皮袋扩张到与试洞底与壁相接触,根据所用水量确定试洞体积,这种方法的缺点是操作较复杂。

3)核子(无核)密度仪法

核子密度仪法是用放射性元素产生的射线测量路面结构层材料的密度,同时利用中子来测量它们的含水率,或直接采用无核密度仪测定。其优点很突出:测量速度快,需要人员少,而且不破坏道路结构,但这种方法作为施工质量控制时,必须与灌砂法等进行比较验证方可使用。

9.2.2 大厚度水泥稳定级配碎石基层压实度检测

《公路路基路面现场测试规程》(JTG 3450—2019)规定压实度检测用灌砂筒有三种规格:

(1)当集料最大粒径小于13.2mm,测量层厚度不超过15cm时,采用ϕ100mm灌砂筒。

(2)当集料最大粒径处于13.2~31.5mm,测量层厚度不超过20cm时,采用ϕ150mm灌砂筒。

(3)当集料最大粒径大于31.5mm,采用ϕ200mm灌砂筒。

大厚度水泥稳定碎石基层一般厚度在28~38cm,最大粒径小于37.5mm,因此可以采用ϕ200mm灌砂筒,但是由于其厚度大于25cm,ϕ200mm灌砂筒型灌砂筒标准砂容量为17~18kg,无法满足在结构层全厚度范围内一次性检测压实度的要求。

对于上述考虑,本书课题组依托项目根据大厚度水泥稳定碎石底基层的施工特点,制作了一个ϕ300mm灌砂筒,解决了在底基层全厚度范围内进行压实度检测的问题,使测得的数据更具有准确性。改造后的灌砂筒如图9-3所示。

图9-3　改造后的灌砂筒

9.3 大激振力作用下水泥稳定碎石基层压实深度研究

在大激振力大吨位机械碾压作用下，路面结构层在受压条件下按结构层可以分为三块区域：正常碾压区、适宜厚度区及碾压作用超出区，如图 9-4 所示。

一般情况下正常碾压区为规范建议的最大碾压厚度（15～20cm），适宜厚度区为大吨位压路机大激振力作用下厚层水泥稳定碎石所能达到的最大厚度区域，超出区域为在现有碾压条件下不能达到的碾压深度。在适宜厚度和碾压作用超出区域将会是压实度的衰减较大的区域，所以在大激振力作用下也是具有一定压实厚度限制，具体厚度限制点还须考虑现有的激振力水平。

在振动作用下密度的最大值不是出现在最表面上，而是出现在下表面。随着振动力的作用，被碾压结构中的其他相关特性如密度、水泥剂量、石料分布也在发生变化。

通过对压实机理的简要分析，可知振动压实在作用深度和压实功效方面均优于其他压实方法。压实过程中，振动力从上向下传播，其密度变化曲线可用如图 9-5 所示。

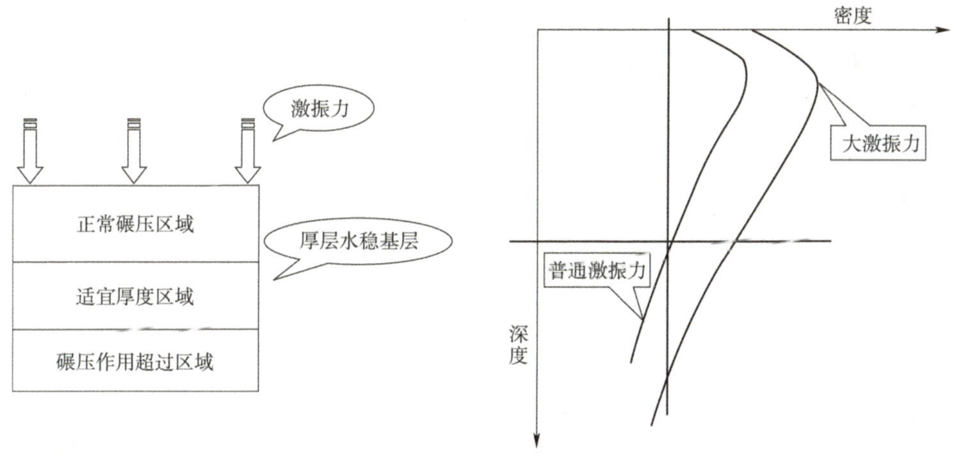

图 9-4　大厚度水泥稳定碎石碾压模型　　图 9-5　振动压实作用下的压实特性

如图 9-5 所示，采用普通激振力和大激振力进行路面压实时，激振力大小对密度的影响较大，但水泥稳定碎石的密度变化规律是一致的。所以，在保证某一最低密度时，大激振力可以采用更大的碾压厚度（如图中竖线所示），即当激振力提高时,即使加大一定的摊铺厚度,依然能够保证下部一定深度范围内的压实度满足要求。同样,在两种碾压激振力作用下,同一深度大激振力作用下的密度值较大(如图中横线所示)。因此,随着现今压路机械的发展,吨位和激振力也在不断增大,路面结构设计也越来越不适宜这种发展,在激振力增长的情况下,路面的压实厚度也应当随之增加。

9.4 大厚度基层压实度分层检测方法研究

9.4.1 分层压实度检测方法

厚层水泥稳定碎石底基层分层摊铺一次成型工艺可以有效地提高基层的整体性能,但由于基层厚度过大,碾压时上下层压实度易产生差异,下部散体材料不密实,将严重影响水泥稳定碎石基层的路用性能。

针对以上问题,课题组提出对厚层水稳碎石底基层进行分层压实度检验,以内蒙古自治区省道 203 满阿线第 8 标段 K114 +100 ~ K114 +300 底基层试验段为例,其底基层厚度 32cm,将其分为 12cm + 10cm + 10cm 三层分别检测其压实度。具体检测方法如下:

(1)取一检测点,表面平坦,面积不得小于基板面积。

(2)将基板放在平坦表面上,沿基板中孔凿洞,在凿洞过程中,随时注意测量凿洞深度,并随时将凿出的水稳材料装入塑料袋中。

(3)当试坑深度达到 12cm 时,停止凿坑,称重取出土的质量。将测量质量后装满标准砂的灌砂筒放在基板上,打开灌砂筒开关,直到灌砂筒内的砂不再下流时关闭开关。称取灌砂筒剩余质量,计算 12cm 深度底基层压实度。

(4)将试坑内的标准砂取出过筛,预留下次使用。

(5)继续凿坑,当试坑深度达到 22cm 时,重复步骤(3)。

(6)将试坑深度凿至 32cm,重复步骤(3),测量全厚度范围内底基层压实度。

(7)根据数据,计算出 12cm、12 ~ 22cm、22 ~ 32cm 三层压实度,绘制表格。

考虑不同深度压实度情况表征,课题组以内蒙古自治区省道 203 满阿线第 9 标段 K131 +000 ~ K131 +100 底基层双层连续摊铺底基层 2 层压实度做对比。对于双层连续摊铺压实度检测主要为上基层压实度检测和下基层再压实压实度检测,具体方法如下:压实度检测点为 40m 一个,其压实度检测方法采用《公路路基路面现场测试规程》中的“灌砂法”进行，在上基层检测结束后，在检测压实度桩号旁取一点，先用铁锹人工铲出一个 $1m^2$ 左右、深 16cm 的坑面(面积不得小于基板面积)，保证下基层表面平整，并将其清扫干净，然后按照“挖坑灌砂法测定压实度试验方法”进行压实度检测，取部分水稳料进行含水率检测。图 9-6 为压实度检测现场情况。

a)上基层压实度检测

b)下基层再压实后压实度检测

图 9-6 压实度检测工作

9.4.2 压实度检测结果分析

压实度检测试验在现场碾压完成后的水稳基层表面进行，试验段为省道 203 满阿线第 8 标段 K114 + 100 ~ K114 + 300 底基层试验段，共取 3 个检测点，分别检测其 12cm、12 ~ 22cm、22 ~ 32cm 三层压实度。

1) 水稳材料配合比设计

项目采用混合料 4 种集料配比为 0 ~ 4.75mm∶4.75 ~ 9.5mm∶9.5 ~ 19mm∶19 ~ 37.5mm = 35∶23∶21∶21，水泥用量为 4.5%，设计强度 2.5MPa，设计压实度 97%。见表 9-4。

水稳材料配合比设计 表 9-4

粒径(mm)	37.5	31.5	19	9.5	4.75	2.36	0.6	0.075
通过百分率(%)	100	99.7	79.6	58.2	35.1	28.9	15.6	2.1
规范要求	100	90～100	67～90	45～68	29～50	18～38	8～22	0～7

根据室内试验结果,混合料最大干密度 2.248g/cm^3,最佳含水率 6.9%。如图 9-7 所示。

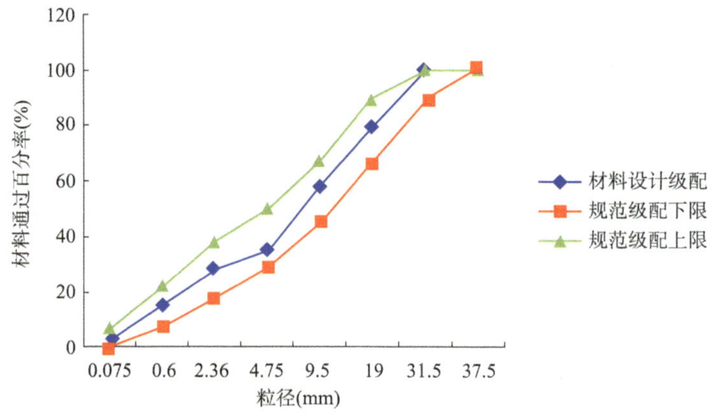

图 9-7 水稳材料配合比设计

2)压实度检测结果

为检测大厚度摊铺施工方法的压实度情况,通过现场取样取得大厚度摊铺路段和连续摊铺路段各 3 组试样,检测压实度。检测结果如表 9-5、表 9-6 所示。

分层连续摊铺底基层压实度检测结果 表 9-5

项目	桩号	层位	湿土质量(g)	标准砂质量(g)	含水率(%)	压实度(%)
分层连续摊铺	K130+020	上层	7973	4675	7.1	97.8
		下层	8190	4931	5.6	96.5
	K130+070	上层	7440	4468	6.7	95.8
		下层	7735	4606	5.6	97.6
	K130+100	上层	7750	4521	7	98.3
		下层	7085	4251	56	96.9

大厚度一体摊铺底基层压实度分层检测结果　　表9-6

项　目	桩　号	试坑深度（cm）	湿土质量（g）	标准砂质量（g）	含水率（%）	压实度（%）
大厚度一体摊铺	K108+800	12	17185	10330	6.5	99.4
		22	23634	14300	6.5	98.7
		32	30040	18160	6.9	98.4
	K108+830	12	17424	10440	6.6	99.6
		22	23750	14300	6.7	99.0
		32	30760	18510	7.1	98.7
	K108+860	12	15281	9230	6.5	98.9
		22	22737	13830	6.5	98.2
		32	37640	22900	6.8	97.9

根据上表结果，可以将其换算成12cm、12～22cm、22～32cm三层厚度压实度数据，见表9-7和图9-8。

大厚度一体摊铺分层压实度换算表　　表9-7

项　目	桩　号	试坑深度（cm）	压实度（%）
大厚度一体摊铺	K108+800	12	99.4
		12～22	98.7
		22～32	97.0
	K108+830	12	99.6
		12～22	98.8
		22～32	97.7
	K108+860	12	98.9
		12～22	98.8
		22～32	97.8

根据以上数据可以总结得出：

（1）大厚度一体摊铺各层位压实度均能满足要求，这说明采用大吨位压路机对大厚度基层压实这一方案是可行的。

（2）大厚度一体摊铺顶层较其他层位相比，压实度普遍超出1～2个百分点，这主要是由于采用大吨位压路机压实功较大的缘故。

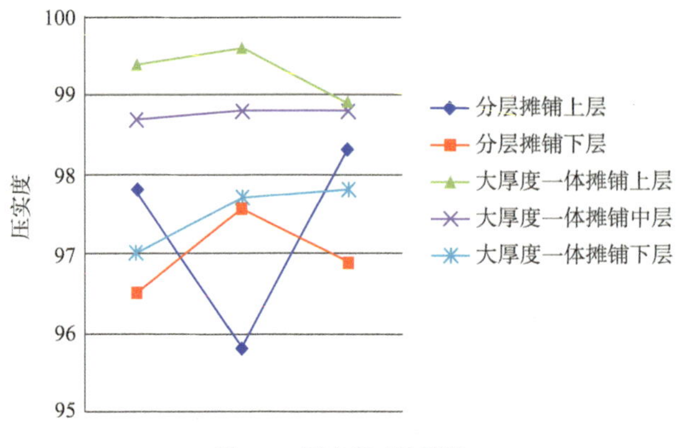

图 9-8　压实度对比情况

(3)分层摊铺上下层压实度均较为接近，这是因为分层摊铺时上下层分别碾压，上下层受到的压实功基本相同。

(4)大厚度一体摊铺深度从上至下，压实度依次减小，表面压实度最大，底面压实度最小。

(5)大厚度一体摊铺各层压实度相比，上层压实度与中层压实度相差不大，下层压实度有明显的减小，较上两层减小 1% 左右。这说明大吨位压路机压实过程中，当厚度超过约 20cm 时压实效果开始衰减，但由于大激振力的作用，使得约 20cm 上的密度大大超过了压实度要求，所以允许一定范围的衰减，使得在较厚的范围内压实度依然满足最低要求，也使得增加水泥稳定碎石结构的厚度成为可行。

(6)根据图 9-9 可以看出，下层含水率相比上两层高出 0.5% 左右，这可能是由于水分下渗和表面摊铺后水分蒸发造成的，同时下层含水率提高，会导致压实时最大干密度降低，降低层底压实效果。

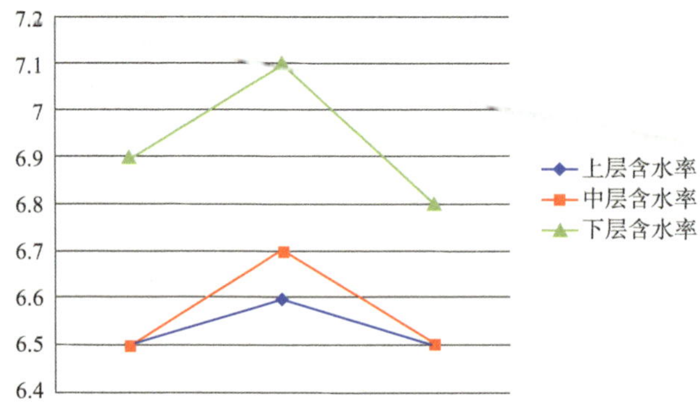

图 9-9　大厚度一体摊铺含水率对比情况

9.5 现场压实度质量控制

碾压是水稳碎石成型的最后一道工序，同时也是最重要的工序，对于大厚度基层一体摊铺碾压来说亦是如此。试验路段采用的压实方法为光轮压路机静压1遍，32t振动压路机碾压3遍，最后用轮胎压路机终压1遍。根据本章研究，其压实时还应注意以下事项：

(1)压路机应紧跟摊铺机碾压，初压应尽早，以减少水分散失。

(2)压先轻后重，稳压要充分，振压不起浪、不推移。碾压完成规定遍数后，及时检查每层压实度，不符合要求时需要及时补压。

(3)振动压路机的振动频率和振幅经试验段试验确定，并根据混合料种类和层位选用。振动压路机倒车时先停止振动，在向另一方向运动后再开始振动，以避免混合料形成鼓包。

(4)在碾压过程中进行高程、平整度的及时跟踪检测，发现超标时及时修整。

第10章 双层连续摊铺基层养生方法

水泥稳定碎石基层设计厚度一般均超过30cm,传统的施工方法是采用分层不连续摊铺工艺,即摊铺一层薄层水泥稳定碎石基层后,需要对已经摊铺的基层进行至少7d的养生。但按常规施工技术铺筑的半刚性基层都存在基层铺筑后养生期过长、湿度难以掌握、干缩裂缝难以控制等缺陷。双层连续摊铺施工技术可将上下水稳基层一次性摊铺成型,从而实现上下层水稳基层的同步养生成型。但是,采用双层连续摊铺技术进行基层铺筑,其基层养生厚度较传统养生基层明显更厚,最厚可达50cm,用传统的养生方法难以实现对双层水稳基层的快速、完整养生,为保证利用双层连续摊铺技术摊铺形成大厚基层的结构强度,开展对大厚度基层养生方法的研究尤为重要。水泥稳定碎石基层养生过程中需要充分发挥水泥的水化作用,以进一步提高基层结构强度,而养生过程中水分的渗透作用是保证养生质量的关键因素。因此,本节结合水稳渗透模型试验及现场渗透试验,对双层连续摊铺基层洒水养生方法进行研究,提出适用于利用双层连续摊铺技术形成的大后基层的养生措施。

10.1 传统施工模式下基层洒水养生分析

传统基层施工中,当水泥稳定碎石基层的压实及压实度检验工作完成以后,将养生布覆盖并进行洒水工作,水必须要渗透到土工布里面,在对水泥稳定碎石基层做养生工作的时候,必须要根据天气状况进行洒水工作,确保水泥稳定碎石基层的表面维持湿润的状态。在用洒水车进行洒水时,必须要使用喷雾形式的洒水车喷头,这样可以确保工程的基层结构不被破坏。且在道路养生过程中必须封闭交通,在养生工作完成之后,对覆盖物进行清理。传统基层施工模式下养生要点如下:

(1)试验段碾压完成应立即进行压实度检查,经检测合格后即进行覆盖养生。

(2)对于上基层或不采取连续施工和循环施工的下基层，铺筑完毕后用洒水车喷雾洒水，然后覆盖土工布养生，养生期不宜少于7d，冬季施工的养生期要适当延长。

(3)中基层撤除土工布后应及时锯缝、清除浮浆、洒透层油、铺筑沥青表处下封层，如不能及时洒透油层，还应坚持洒水养生。

(4)在养生期间应封闭交通，禁止运输车辆在其上行驶。若必须通车时，应限速在30km/h以下，严禁履带车辆通行或半边通车，工序上两边不能冲突，不要造成机械频繁调动。

10.2 水泥稳定碎石基层渗透理论及模型构建

10.2.1 水渗透理论分析

水泥基材料是一种多孔材料，水在其中渗透主要包含压力渗透和毛细孔水饱和渗透两个过程。国内外学者在长期的试验和理论探索中逐步形成了多孔材料渗透性计算的基础理论。基于各计算理论，并考虑到多孔材料孔结构和流体渗流特征，建立了水泥基材料在内的多孔材料渗透模型。截至目前，水渗透方面的经典理论有达西渗透定律、Kozeny-Carman方程、Katz-Thompson渗透理论和有效介质理论。其中最为经典且运用最广泛的理论是达西渗透定律和Kozeny-Carman方程。

1)达西渗透定律

由于水泥石是一种多孔、多相、非均质材料，则多孔材料水渗透系数的相关计算理论同样适用于水泥石。最为著名的理论是达西渗透定律，它主要用来描述流体在多孔材料中的宏观渗流规律，1856年，Darcy利用均质直立砂柱进行流试验研究，很好地解决了法国第戎城的给水问题。依据试验所得结果，可以得到以下方程：

$$v = -\frac{k}{\mu} \cdot \frac{\Delta p}{L} \tag{10-1}$$

上式中：v——平均渗透速度；

k——水渗透系数；

μ——流体动力黏性系数；

Δp——流体两侧压力差;

L——渗流路径长度。

同时又有学者从理论角度推导了达西渗透定律,其中较早的推导方法是基于非均匀毛细管组模型和动量守恒定理。前者可得到不可压缩牛顿流体的总体积流量表达式,后者可得到三维流动的达西定律。就现在的研究现状来看,达西渗透定律是水泥基材料水渗透性研究的基础。

2)Kozenv-Caman 方程

Kozeny-Carman 方程作为最经典的描述孔隙率与渗透率关系的半经验公式,是许多渗透模型的依据和出发点,被广泛应用于多孔材料水渗透系数的预测中。Kozeny-Carman 公式是由 Kozeny 首次提出,并经过 Carman 修正后得到的方程,它是由比表面积 S 和孔隙率必来表征多孔介质渗透系数的半经验公式,即

$$k=\frac{\phi^3}{C_k(1-\phi)^2\cdot S^2} \tag{10-2}$$

式中:C_k——Kozeny-Carman 的经验常数,已被试验证明并不是定值,所以该公式在运用时存在一定的局限性。国外学者在此基础上进行修正并提出新的 KC 方程,Henderson 等人通过引入比表面积和迂曲度参数得出了三相状态下的 Kozeny-Carman 方程,其模拟结果与多种孔材料水渗透系数的试验数据相吻合。

10.2.2 水稳碎石基层渗透模型

渗透系数 k,在水文地质学上又可以称为水力传导率,是表达土的排水性能的一个重要数值。渗透系数 k 的量纲与速率的量纲一样,用来表征流体通过多孔隙介质的难易程度。在实验室内,饱和土的渗透系数可采用刚性壁和柔性壁渗透仪来测试。刚性壁渗透仪较适用于颗粒材料,刚性壁和柔性壁的渗透仪均适用于低渗透系数材料的测试,仪器类型的选择取决于测试时间的类型和模拟条件。这两类渗透仪均可以进行常水头和变水头试验。

渗透系数的大小基本上取决于多孔隙介质的性质和渗透液的性质。多孔隙介质的特点是土颗粒之间的孔隙及孔隙的尺寸。不同建筑材料的渗透系数的差异非常大,例如,洁净的粗集料的渗透系数有较高的数值,大约为 35cm/s,而细粒土的渗透系数大约为 10^{-9}cm/s。有许多影响渗透系数的因素,如:矿物组成、颗粒尺寸、颗粒粒径分布、孔隙率、饱和度、流体的性质等。但是粗粒土的渗透系数影响因素不同于细粒土,细粒土的渗透系数影响因素有:颗粒方向、土块大小、成型方法、

水力梯度和渗透仪类型，而粗粒土的影响因素是颗粒尺寸、颗粒粒径分布、密度、颗粒的形状和纹理。

颗粒尺寸是影响渗透系数的主要因素，尤其对于较细的颗粒土。颗粒越小，颗粒之间的空隙越小；因此，渗透系数随着颗粒尺寸的减小而下降。

以水渗透理论中的达西定律为依据，莫尔顿等人提出了一个通过材料的有效粒径（D10）、孔隙率及0.075mm筛孔的通过率来估算材料的渗透系数的公式：

$$k=\frac{a_1\cdot n^{a_2}}{c^{a_3}\cdot h^{a_4}\cdot P_{200}^{a_5}} \tag{10-3}$$

式中：k——渗透系数（cm/s）；

n——材料的孔隙率，$n=1-\frac{\gamma_d}{62.4G}$；

c——水泥含量（%）；

h——渗透深度（m）；

P_{200}——材料通过200目筛（即0.075mm筛）的百分数。

因此，可选用公式（10-3）预估水泥稳定碎石基层渗透系数。只有确定合理的渗透系数，才能正确解读水稳碎石的渗透规律，从而得出有效的养生方式与养生时间。

10.2.3　室内渗透试验及渗透模型参数确定

通过室内试验（图10-1），对水泥含量为3%～5%，试件高度为10～20cm，0.075mm筛通过百分数为2.5%～3.5%的不同混合料制备的试件进行渗透试验，检测其渗透系数并计算其孔隙率，结果如表10-1所示。

图10-1　室内渗水试验

不同条件下渗水试验的渗透系数与孔隙率　　表 10-1

水泥含量 c(%)	试件高度 h(cm)	P_{200}	孔隙率 n(%)	渗透系数(cm/s)
3	10	2.5	3.90	0.0286
3.5			3.85	0.0282
4			3.80	0.0279
4.5			3.75	0.0276
5			3.70	0.0273
3	15		3.90	0.0271
3.5			3.85	0.0284
4			3.80	0.0282
4.5			3.75	0.0279
5			3.70	0.0276
3	20		3.90	0.0282
3.5			3.85	0.0279
4			3.80	0.0277
4.5			3.75	0.0274
5			3.70	0.0271
3	10	3	3.81	0.0213
3.5			3.76	0.0211
4			3.71	0.0209
4.5			3.66	0.0206
5			3.61	0.0204
3	15		3.81	0.0210
3.5			3.76	0.0208
4			3.71	0.0205
4.5			3.66	0.0203
5			3.61	0.0201
3	20	3	3.81	0.0208
3.5			3.76	0.0206
4			3.71	0.0203

续上表

水泥含量 c(%)	试件高度 h(cm)	P_{200}	孔隙率 n(%)	渗透系数(cm/s)
4.5			3.66	0.0201
5			3.61	0.0109
3	10	3.5	3.72	0.0117
3.5			3.67	0.0115
4			3.62	0.0112
4.5			3.57	0.0109
5			3.52	0.0106
3	15		3.72	0.0114
3.5			3.67	0.0111
4			3.62	0.0109
4.5			3.57	0.0106
5			3.52	0.0103
3	20		3.72	0.0111
3.5			3.67	0.0109
4			3.62	0.0106
4.5			3.57	0.0103
5			3.52	0.0101

通过1stopt软件进行回归，得到渗透系数 k 与孔隙率 n、水泥含量 c、渗透深度 h 及0.075mm筛通过百分数 P 之间关系，如下所示：

$$k = \frac{2.94 \times 10^{-20} \times n^{27.4}}{c^{2.7} \times h^{0.058} \times p^{1.39}} \tag{10-4}$$

10.3 双层连续摊铺模式下基层洒水养生研究

10.3.1 现场渗透试验

为了准确测量洒水养生过程中水分的下渗深度，在试验路段内蒙古省道203线满阿段第8标段进行了现场渗水试验。

试验方案:使用口径为10cm的量筒量取1000mL红墨水,在路面铺筑完成养生1d后进行试验,将量筒倒置在路面上,待红墨水均匀的渗入路基中,测量下渗时间,并计算渗透面积,然后采用挖土机将路面掘开一个端面,测量红墨水的下渗深度(图10-2、表10-2)。

图10-2 现场渗水试验

渗水试验 表10-2

序号	渗水量(mL)	下渗时间(min)	下渗深度(cm)
1	1000	10	16.8
2	1000	15	25.2
3	1000	20	32

由现场渗水试验可知,试验段水稳基层的渗透系数约为0.028cm/s,即水分从基层表面渗透至基层底面大约需要20min的时间,因此,应当在第一次洒水20min后对覆盖层进行补水,此后始终保持覆盖层表面处于湿润状态即可。

10.3.2 双层连续摊铺基层养生措施

由现场试验结果及室内渗透模型计算渗透系数可知,上基层表面的水分下渗到下基层符合渗透理论,下渗时间约为20min。水稳碎石基层现场养生主要采取覆盖洒水养生,通过保持覆盖层始终处于湿润状态,达到饱水养生的目的。利用双层连续摊铺技术进行其主要养生措施要点为:

1)路基界面洒水要求

拟采用1台洒水车,摊铺上基层前在路基表面洒水,使路基表面处于潮湿状态。洒水车应在正式摊铺前1h进行洒水,并控制洒水量,避免因洒水过多造成路基表面积水,影响混合料的运输。

2)上下层界面洒水要求

下层碾压完成时,立即对下层表面进行洒水,使下层表面处于潮湿但无明水状态。

应当注意的是,对下基层进行洒水时,洒水车装水量应小于总容量的 2/3,并以较慢的速度行驶,禁止在下基层掉头,转弯角度应小于 30°,以减小洒水车对下层的扰动。

3)覆盖与封闭交通

上层施工完成时,应立即进行洒水并覆盖土工布,养生 7d。整个养生期间应始终保持稳定土层表面潮湿,每天洒水的次数应视气候而定。养生期间,除洒水车外,还应封闭交通。

根据水分下渗大厚度基层所需时间,上基层养生洒水初期时,应当在第一次洒水 20min 后对覆盖层进行补水,此后始终保持覆盖层表面处于湿润状态。

10.4 双层连续摊铺与传统摊铺基层养生方法对比

10.4.1 水泥稳定碎石基层养生工艺分析

目前常用的水泥稳定碎石基层养生方法主要有洒水养生、沥青乳液养生、草帘或麻袋覆盖养生、塑料布覆盖养生、渗水土工布覆盖养生等,各种养生工艺的优缺点如表 10-3 所示。

各种养生工艺的优缺点　　表 10-3

养　生	使用范围	优　点	缺　点
洒水养生	任何等级和地区的稳定碎石基层养生	(1)养生方法简单易操作,小需覆盖物,只需水车即可;(2)养生期内,遇雨天可利用雨水养生	(1)表面水易蒸发,夏季易表面忽干忽湿;(2)小保水,过量喷洒会使养生水顺路面纵坡或横坡流淌,造成浪费;(3)用水量大,为保证表面潮湿,需大量洒水;(4)表而无覆盖层,初期养护时,基层表面
沥青乳液养生	基层上设计有沥青透层或下封层	(1)小需要覆盖物;(2)乳液喷洒后,不需进行其他方式养生	(1)需专门生产沥青乳液,费用高;(2)基层施工完成后须立即喷洒沥青乳液

续上表

养　生	使用范围	优　点	缺　点
草帘或麻袋覆盖养生	容易购买草帘麻袋的地区	(1)饱水性好;(2)透气性好,基层表面温度可随大气温度变化而变化;(3)养生期内,遇雨天可利用雨水养生;(4)气温相对较低时,可起保温养生作用	(1)覆盖时容易漏盖;(2)耐水侵蚀性差,易腐烂,不易清理,易污染路面和环境;(3)周转次数少
塑料薄膜覆盖养生	所有路面基层	(1)质量轻、易覆盖;(2)可周转次数多	(1)小透气,覆盖后内外温差大,昼夜温差大时,易产生温缩裂缝;(2)小透水。养生期内,遇到雨天也无法利用和吸收雨水;(3)覆盖后缺水时小易补水
渗水土工布覆盖养生	所有路面基层	(1)轻,易覆盖;(2)韧性好,小易破损,可周转使用;(3)饱水性好,遇水与基层表面紧贴,易保存水分;(4)洒水时水压作用在土工布,再下渗到基层表面,避免对基层直接冲刷;(5)透气性好,基层内外温度随大气温度变化而变化,减少温缩裂缝;(6)透水性好	造价相对较高

通过对各种养生工艺进行分析比较,提出基层养生特点:①洒水养生操作最方便,但用水量大,特别是对双层连续摊铺后的大厚度基层养生,且在高温季节易忽干忽湿,影响基层养生质量;②沥青乳液养生在需临时开放交通时比较适用,但养生费用高,且基层表面强度差;③草帘或麻袋养生在温度低时能起到保温作用,但其本身易腐烂,引起表面污染,影响基层养生质量;④塑料薄膜覆盖养生操作简单,价格便宜,但不透气,养生期间加水难度大;⑤渗水土工布透水、透气,饱水性好,可反复循环使用,经济实用,养生效果好。

依据以上养生方法系统对比分析并结合多种方法的优点,为保证全厚度范围内不至于温湿相差过大,故而对双层连续摊铺的大厚度水泥稳定碎石基层进行养生时,选用渗水土工布洒水,如图 10-3 所示。

图 10-3　覆盖土工布洒水养生过程

10.4.2　双层连续摊铺与传统摊铺基层洒水养生方法对比分析

为了提出合理的半刚性基层双层摊铺养生措施，通过分析传统摊铺的各种养生措施优缺点，论证了连续摊铺下双层摊铺基层洒水养生方法的合理性。通过水稳碎石基层渗透试验，对水稳碎石渗透模型系数 k 与孔隙率 n、水泥含量 c、渗透深度 h 及 0.075mm 筛通过百分数 P 之间的关系进行了系统研究，建立了水稳碎石渗透系数 k 的计算公式；通过双层连续摊铺基层洒水养生现场渗透试验，得到了养生过程中水分下渗深度。对比分析传统摊铺与双层连续摊铺基层养生方法如表 10-4 所示。

不同施工工艺基层养生方法对比　　表 10-4

施工工艺	下基层养生	上基层养生
传统基层摊铺	碾压成型后，覆盖土工布养生，且养生期不宜少于 7d	下基层养生成型后，撤除土工布后及时锯缝、清除浮浆、洒透层油、铺筑沥青表处下封层，继续覆盖洒水养生
双层连续基层摊铺	碾压成型后，不需经过养生	上层施工终了，立即进行洒水并覆盖土工布，养生 7d。初次洒水约 20min 后及时进行补水

根据上表分析可知：

(1)传统基层摊铺模式下，摊铺完下基层后需要对下基层进行较长时间的养生，降低了施工效率；同时，传统洒水养生过程中，洒水较为粗略，没有科学的指导依据来进行合理的洒水，经常会出现路基表面过干或过湿的情况，干缩温缩裂缝极易发生，很大程度影响了施工质量。

(2)双层连续基层摊铺模式下，不需要对下基层进行养生，大大节省了施工养生周期；并根据水分渗透理论，提出了基于达西定律的水稳碎石的渗透模型，为基层洒水过程提供了科学指导，使基层洒水养生更加科学合理，避免了过干或过湿养生对基层质量的影响。

第11章 半刚性基层双层连续摊铺机械优化配置

施工机械在公路施工过程中具有重要的作用,其工作性能与参数的选择直接影响工程质量,机械设备数量的确定决定了施工的进度和设备的利用率,因此选择合适的施工机械和数量至关重要。本章结合试验路段实际情况,提出了相应的施工设备参数选择原则和设备匹配原则,确定了试验段的配套设备。

11.1 施工机械选型原则

现代公路施工机械已发展到高技术、高效能、多品种的新时代,正朝着自动化、智能化方向发展。选择施工机械的目的在于挑选技术上先进、经济上合理和使用上安全可靠的装备,以形成专业的或综合的机械化施工队伍,保证工程任务高质量完成。合理选择施工机械的依据是:工程总量、施工进度、施工条件、现有机械的技术状况和新机械的供应情况等。选择施工机械时应注意遵循下列原则:

1)选择机械的原则

(1)机械应适应工作的性质,适合施工对象的特点、规模、场地大小和运输远近等施工条件,能充分发挥机械的效率。所选机械的生产能力,应满足施工进度的要求,施工质量应满足设计的要求。

(2)机械在技术上应是先进的,能满足施工的要求。即结构上先进、生产率高、性能可靠、易于检修、驾驶安全、环保性好等,并具有很好的机动性。

(3)机械的购置和运转费用要少,能源消耗要低,并通过技术经济比较,优选出生产率高,单位产品费用低的机械。

(4)选择机械时,应在容易获得的一般通用机械与专用机械之间进行比较,在满足施工质量的情况下,优先选用通用机械。

(5)同类机械大型与小型的选择。当工程量很大、施工强度高,施工条件又适合用大型机械时,宜选用大型机械。

2)机械组合的原则

(1)尽量减少机械的组合数,机械的组合数越多,作业效率越低。

(2)在整个作业线上使用组合机械作业时,应对组合的各种机械能力进行平衡。

(3)在组织机械化施工时,要注意分成几个系列的机械组合,同时并列进行施工,这样可以减少当组合中某一台机械发生故障时,造成全面停工的现象。

(4)在组合机械时,力求选用的机型统一,以便于维修和管理。

11.2 施工设备参数的选择

在水泥稳定碎石基层施工中,摊铺机、压路机起到十分重要的作用,其参数的选择直接影响摊铺、压实质量和施工进度,因此应重点对摊铺机、压路机等设备的参数进行研究、分析和选择。

11.2.1 摊铺设备工作参数的选择

摊铺施工质量的好坏,除了与摊铺机的技术性能有关外,还取决于其技术参数的选择。因此,施工前应对施工设备进行全面的检查,消除机器存在的隐患,使所有机器的各个工作部分处于良好的技术状态,以确保施工顺利进行。同时,还要根据施工技术要求,确定摊铺机施工的各种作业参数。

1)摊铺宽度

确定摊铺宽度应综合考虑减小摊铺离析、纵向接缝,发挥设备生产效率等因素,同时要考虑实际路面宽度和施工机械的利用率,也不能为了减少离析,过分地要求施工质量而增加摊铺机数量。一般来讲,单机最大摊铺宽度不宜大于7m。

试验路段内蒙古省道203满阿一级公路路面宽度11.25m,大于摊铺机的最大摊铺宽度,为了减小摊铺离析,保证基层的施工质量,试验段采用两台宽度为6m的摊铺机进行摊铺,如图11-1所示为试验段摊铺机作业现场。一级公路路幅宽度一般都超过摊铺机熨平板的最佳摊铺宽度。因此,在铺筑基层时一般要进行多次摊铺或用几台摊铺机进行梯形摊铺,以保证和提高基层的质量,在确定和组合摊铺机宽度时应考虑在最佳摊铺宽度范围内尽量减小纵向接缝,以减小基层纵向开裂的可能性。

图 11-1 摊铺机作业现场

2)摊铺机工作速度的选择

摊铺机若断断续续地工作,会使铺层形成台阶状。为了保证摊铺机工作的连续性,确保铺筑路基的质量,在选择摊铺速度时,应与混合料的供应能力相适应,即相应的拌和设备的生产能力,自卸车的吨位、数量、运距、摊铺的宽度和厚度等因素,使摊铺机在某种速度下连续作业。根据施工摊铺机性能和实践经验,合理的摊铺速度宜在 3 ~4m/min。

3)振捣板振动频率的选择

为了保证水泥稳定碎石摊铺层有足够的初压实度和较好的平整度,振动频率和摊铺速度应相互匹配。实践证明:摊铺机每前进 5mm,振捣板最少振捣 1 次以上,即摊铺机以 3m/min 的工作速度施工,振捣板的频率不应低于 600 次/min。此外,振捣板的振动频率除与工作速度相匹配外,还应考虑其他因素的影响。如材料特性、摊铺厚度、集料最大粒径等因素。

11.2.2 压实设备参数的选择

为了保证压实质量,提高压实效率,优化压实作业,需根据用途、土壤类型和现场情况等因素选择合适的机械设备和相关参数。在选择机械设备形式和数量时应考虑以下因素:

(1)材料特性:土壤类型,压实厚度等;

(2)施工质量要求:压实度,均匀性、平整度;

(3)施工条件:场地大小、方便性、周围环境。

振动压路机因为优良的施工性能,在现代公路施工中得到广泛使用,与静力压路机相比,无论压实性能还是经济性都有巨大的优势。振动压路机有以下特点:

(1)土壤含水率对振动压实效果有重要的影响,压路机线荷载小需要含水率高,线荷载大可降低对含水率的要求。

(2)对于粗颗粒土和混合颗粒土振动频率在 25 ~ 35Hz 之间具有最好的压实效果。对于细颗粒土壤频率的影响不明显。

(3)振动力的影响深度决定于振幅,振幅的设置范围一般在 0.7 ~ 2.5mm 之间,1.5 ~ 2.5mm 属于大振幅,适合于压实厚层或具有大粒径的材料。

在压实过程中,振动压路机的基本参数决定了能量传递和压实效果。振动压路机工作参数如图 11-2 所示。

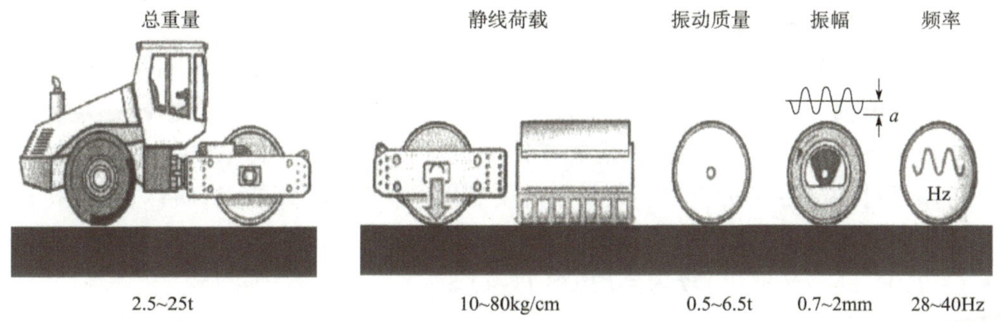

图 11-2　振动压路机工作参数

1)振动压路机频率的选择

一般认为,当与材料发生共振时可以获得最佳压实效果,因此振动压路机的振动频率应选择应与被压材料的固有频率相适应。但是由于在该状态下单钢轮压路机的振动十分剧烈,操作员和设备都承受了极大的作用力,不利于人的健康和可靠的压实作业,所以应用稍高于共振频率的区段进行碾压作业(图 11-3)。

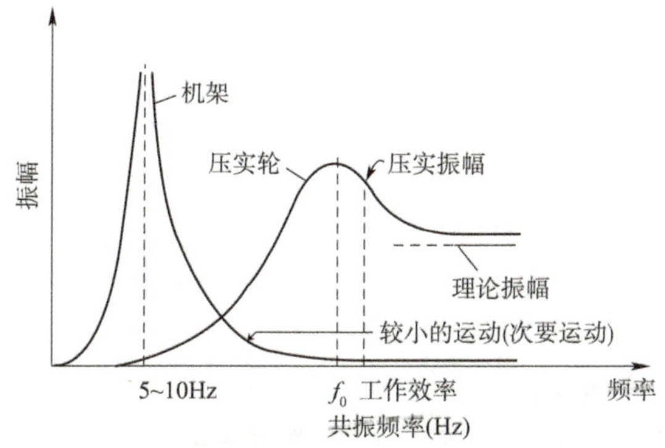

图 11-3　土壤自振频率与振动压路机频率

另一方面，为了保证振动轮能产生必要的振动加速度，压路机的振动频率也应有一个合理的取值范围。振动压路机的振动加速度过小，振动轮对被压材料的动态冲击力小，这时的振动压实与静压作用相差不大。如果振动加速度过大，导致大质量块在惯性力的作用下沉降在铺筑层的底部，而小质量块将“浮”在面层，从而产生分层现象。这种离析现象使筑路材料的级配比例失调，被压实的铺筑层强度降低，使基层的承载能力下降。单钢振动压路机的频率范围在25～35Hz之间，振动加速度的取值为5～10倍重力加速度较为合适，可根据土壤的固有频率选择。

2）振动压路机振幅的选择

对于路面基层压实虽然振动频率很重要，但是从压实能力和影响深度而言主要决定于振幅。高振幅能将较大的能量传递到土层深处，但过大的振幅必定导致机架振动增大，引起司机疲劳和机器零件的过早损坏，甚至还会造成“过压”现象，使得碾压过的基层疏松、开裂、集料碾碎等，从而降低了压实质量，所以，压路机的工作振幅根据材料特点、铺层厚度控制在一个合适的范围内。振动压路机的振幅0.7～2.0mm（名义振幅）较为合理（图11-4）。

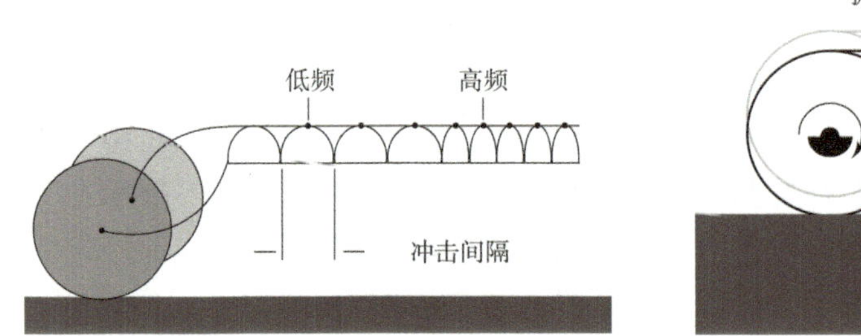

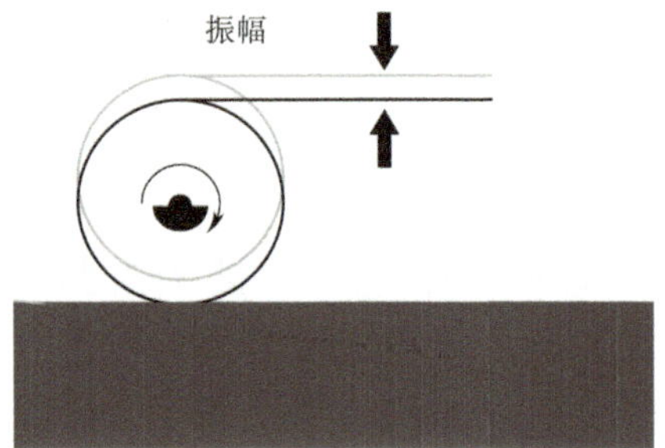

图11-4　振动压路机的频率和振幅

3）碾压速度的选择

碾压速度是影响压路机生产率的主要因素，提高碾压速度，可以提高生产率，同时，碾压速度又是影响压实质量的重要因素，较低的碾压速度使压路机传递给铺层材料的能量有足够的时间产生不可逆变形，更好地改变被压材料的结构；过高的碾压速度，难以获得所要求的压实质量，若要获得相同的压实效果，必须增加压实遍数，会因压路机频繁换向冲击力大而引起被压实材料的剪切滑移。

对于静力作用压路机，在碾压过程中影响对铺层材料施加能量多少的关键因素是碾压速度。在对基层进行压实作业时，初压阶段应选用较低的碾压速度，以获得对松散铺层材料滚压的较大沉陷量，同时也照顾到压路机在松散材料上行驶阻力大对发动机功率的影响。一般静碾光轮压路机初压作业的工作速度宜取 1.5 ~ 2km/h,进行复压和终压作业的工作速度可以增加到 2 ~ 3km/h,轮胎压路机的工作速度应选取 3 ~ 6km/h。如图 11-5 所示。

4)碾压遍数的确定

碾压遍数是指在相邻碾压轮迹有适当重叠量的条件下,依次将铺筑层全宽压完为一遍,而在同一地点碾压的往返次数称为碾压遍数。碾压遍数以压实达到规定的压实度为准,一般使用静力作用压路机压实土壤的碾压遍数取 8 ~ 10 遍,使用双钢轮振动压路机压实取 4 ~ 6 遍,使用单钢轮振动压路机压实取 6 ~ 8 遍。

压实所需的碾压遍数不仅与压路机的类型及技术参数有关,而且还取决于土壤的类别及其所处的状态。当土壤处于最佳含水率及最佳土层厚度的压实度达到重型击实标准的 95% 时,对低黏性土压实所需的碾压遍数平均为 4 ~ 6 遍,对黏性土压实所需的碾压遍数平均为 10 ~ 12 遍,碎石路基和路面基层的压实为 6 ~ 8 遍,对石料铺层压实需 6 ~ 10 遍。

5)碾压带的重叠宽度

碾压带的重叠宽度(图 11-6)是为了保证压实工作面不致留下空白而在先后两个相邻碾压带轮迹之间留有的重叠量。静碾压路机的碾压带重叠宽度可取为主驱动轮的 1/3 ~ 1/2,振动压路机碾压带重叠宽度一般取 0.2 ~ 0.3m。使用振动压路机压实土石填方时,其碾压带重叠宽度可增加到 0.4 ~ 0.5m。这样能始终保持压路机将压实好的材料作为支承边,并且减少了压路机向前推料和表层起波纹等现象,另外,压路机碾压的前后相邻两区段也应纵向重叠 5 ~ 10m,以便做到无漏压、无死角,确保碾压均匀,并且保持在不同压实遍数的停车地点相互错开。

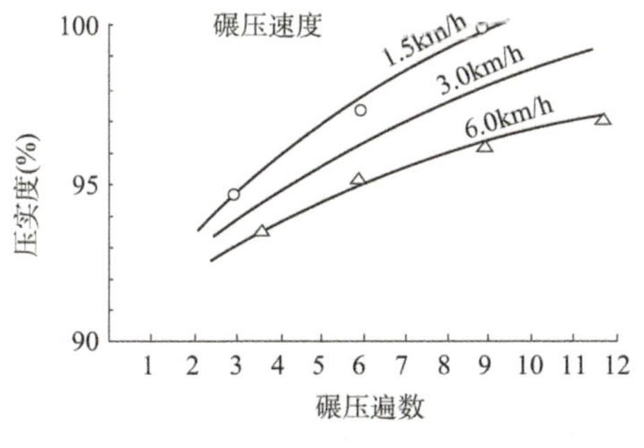

图 11-5　速度与压实度

图 11-6　碾压带重叠宽度

11.3 施工设备配备研究

施工设备合理匹配的基本含义是:在实体工程中根据材料特性和工程需求,确定使各设备发挥最佳作业性能并组成一个有机的系统,形成机群施工能力,对机械性能类型、数量进行优化配置,实现最佳施工质量、最优工作效率和较低作业成本的目的。工程实践表明现代公路施工不仅要以大规模机械化为基础,而且各机型之间必须协调工作,形成与路面材料特性相适应的并充分发挥设备作业性能的有机整体。特别是高速、一级公路施工,设备日益大型化、多功能化,并以集群的方式形成生产能力。各施工设备的匹配对于保证工程的顺利进行、保证施工质量起着至关重要的作用,因此对施工设备进行设备匹配分析和研究有重要意义。

设备匹配分析主要从宏观总体进行研究,根据单机性能指标和工程质量、进度要求确定设备种类、数量等之间的合理匹配关系,指导生产实践。根据机械设备在水稳碎石基层施工中对路面质量的影响程度,可划分为核心设备、主要设备及辅助设备。核心设备是对施工质量、进度和成本方面起决定作用的设备,如水泥稳定碎石拌和设备;主要设备的作用是完成施工,保证施工质量的必备设备,如摊铺设备、压实设备;辅助设备是对施工质量不产生主要影响,为保证工程顺利进行而配置的设备,如装载机、自卸货车。

11.3.1 水泥稳定碎石拌和站选型与数量

拌和设备对水稳碎石基层施工的进度和质量影响最大,在施工机械配置中,拌和设备是决定施工质量和工期的关键设备,属于核心设备。摊铺设备的铺筑作业和压实设备的碾压作业,均需围绕着拌和设备进行,因此拌和的质量控制与生产率是研究设备匹配的基础。在进行水泥稳定碎石拌和设备的选型时,根据施工进度确定的日施工进度来选择拌和设备的产量,拌和设备产量按式(11-1)计算。

基层试验段的设计参数为:宽度为 11.25m,基层每层松铺厚度 16cm、18cm、32cm,击实干密度为 2.242t/m^3,含水率为 7% 。

$$Q_1 = \frac{L \cdot b \cdot h \cdot \rho_{湿}}{T} \tag{11-1}$$

式中:Q_1——拌和设备产量(t/h);

L——日摊铺长度(m);

b——摊铺宽度(m)；

h——摊铺压实后的厚度(m)；

$\rho_{湿}$——水稳碎石湿密度(t/m^3)；

T——日拌和时间(h)。

其中水稳碎石的湿密度为：

$$\rho_{湿}=\rho_{干}\cdot(1+\omega)=2.399t/m^3$$

式中：$\rho_{干}$——水稳碎石干密度(t/m^3)；

ω——含水率。

摊铺机摊铺速度为2.5m/min，即每小时可以摊铺150m。对于试验段1来说，摊铺厚度为16cm，即摊铺机每小时需要的摊铺的混合料为648t。项目依托工程段采用的拌合站型号为WCB600，生产能力为600t/h，可以使用1台拌合站、提前半小时的拌和方法进行施工。

试验段2采用的3层摊铺，最大摊铺厚度为18cm，摊铺机摊铺速度为2.5m/min。混合料的需求量为729t/h。依旧采用1台拌和站进行拌和施工，提前半小时开始拌和。

试验段3采用的大厚度双层连续摊铺，摊铺机器为中大DT1800大厚度摊铺机，压实设备为中大YZ32D大吨位压路机，其最大摊铺厚度为32cm，摊铺机摊铺速度为2m/min，每小时可以摊铺120m，即混合料需求量为1036t，采用两台摊铺机，拌合站A、B同时拌和生产。如图11-7所示。

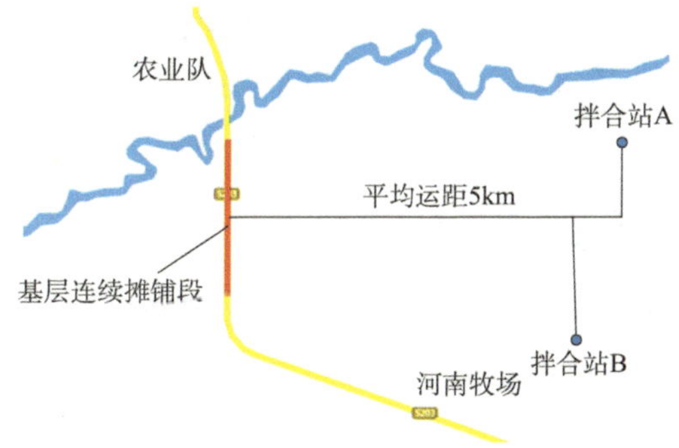

图11-7　拌合站位置示意图

11.3.2　摊铺机选型与数量

根据拌合站型号来选择摊铺机，摊铺机的生产率与搅拌站生产率的必须相互匹配。如果摊铺机生产率大大超过搅拌站生产率，摊铺机就不能完全发挥效力，造成浪费，使工期延长；如果摊铺机生产率低于搅拌站生产率很多，则会使搅拌站的生产效率相对过剩，影响施工质量，增加成本。根据摊铺机参数的选择要求和基层摊铺的质量要求，选择两台摊铺机，采用梯形的摊铺方式进行现场铺筑，考虑摊铺的机械效率、作业质量、车辆与摊铺机的衔接等因素，采用两台摊铺机并机作业，摊铺的速度选择应先确定每小时所需摊铺的水泥稳定碎石基层材料的重量。摊铺速度的选择要使拌和设备每小时的产量 Q_1 大于摊铺机每小时的摊铺量，才能满足施工的要求。

每小时需要摊铺的水泥稳定碎石的重量为：

$$W = \rho_{湿} Lbh \tag{11-2}$$

式中：W——每小时需要的水泥稳定碎石的重量(t)；

$\rho_{湿}$——水稳碎石湿密度(t/m^3)；

L——日摊铺长度(m)；

b——摊铺宽度(m)；

h——摊铺压实后的厚度(m)。

根据摊铺速度，每小时摊铺的长度为：

$$L = 60v\eta_1 \tag{11-3}$$

式中：L——每小时摊铺长度(m)；

v——摊铺速度(m/min)；

η_1——利用系数，取0.8。

考虑3段试验段摊铺组合不同，故采用不同的摊铺机械施工。试验段1、2采用2台沃尔沃 ABG8820 摊铺机并行摊铺；试验段3采用中大 DT1800 大厚度摊铺机摊铺作业。

11.3.3 自卸汽车的选型与数量

在施工中选用自卸汽车，其参数如下：空载28t，满载90t，汽车的平均行驶速度为30km/h，试验段离拌合站的距离在4km左右，取汽车的运距为5km。

自卸汽车卸料时间为：

$$T_1 = \frac{2\omega\eta_2}{V_{车} \cdot b \cdot h \cdot \rho_{湿}} \tag{11-7}$$

其中：ω——载重(t)；

η_2——载重系数，取0.9；

其他参数含义同前。

装料时间：

$$T_2 = \frac{60\omega}{Q_1} \tag{11-8}$$

一辆汽车的循环周期为：

$$T_4 = T_1 + T_2 + T_3 + T_4 + 2S/v_{车} \tag{11-9}$$

式中：T_1——卸料时间(min)；

T_2——装料时间(min)；

T_3——停车、倒车、等待时间，这里取10min；

S——运距(km)；

$v_{车}$——汽车行驶速度(km/h)。

则需要车辆数量为：

$$N = \frac{Q_1 T_4}{60\omega\eta_3} \tag{11-9}$$

式中：N——汽车数量；

η_3——汽车利用系数，这里取0.9；

其他参数含义同前。

根据计算结果与实际工程条件，对于试验段一，配备10辆运料车，保证至少有3辆停在摊铺机前，防止摊铺机摊铺间断；对于试验段二，配置运料车11辆，保证至少有3辆在摊铺机前准备。试验段三运料车配置14辆，每个拌合站分别配置7辆。

11.3.4　压路机的选型与数量

水稳碎石半刚性基层施工时，压路机选型的依据有：工程材料的类别和含水率、工程压实的内容与机械化程度、压实厚度与匹配设备、压实机械的适应性、工程质量要求、工程进度要求、压路机的牵引条件、施工场地的气候条件、压实工艺的需要、可维修性能好和技术支持条件等；再根据压路机不同吨位对应的压实厚度来选择压路机的机型吨位。

压路机碾压基层的遍数一般为6~8遍。而振动压路机的压实厚度比静压作用压路机的压实深度要大，因此基层压实应首选振动压路机。从压路机压实基层的生产率来看，10~20t的压路机的生产率为350~700m³/h。

压路机的数量根据压路机的压实面积生产率来计算，压实面积生产率的计算如下：

$$Q_A = \frac{C \cdot W \cdot v_{压}}{n} \times 10^3 \tag{11-10}$$

式中：Q_A——压实面积生产率(m^2/h)；

C——效率因素，一般取0.75；

W——压实宽度，取2.0；

$v_压$——压实速度，一般为2.5km/h；

n——压实遍数，取8。

所需压路机的台数为：

$$N_A = \frac{Lb}{9Q_A} \tag{11-11}$$

根据上面的计算分析，结合施工单位的具体情况，试验段一、二选用柳工CLG620H、厦工XG6201、鼎盛天工yl26各1台；试验段三选用中大YZC13/17、中大YZ32D、中大YL37各1台。如图11-8所示。

a)柳工CLG620H

b)厦工XG6201

c)鼎盛天工yl26

d)中大YZC13/17钢轮压路机

图 11-8

e)中大YZ32D大吨位振动压路机

f)中大YL37轮胎压路机

图 11-8　碾压设备

11.4 试验段设备配套汇总

根据以上研究分析，试验段选用的主要设备配套如表 11-1 ~ 表 11-3 所示。

试验段一主要配套设备　　表 11-1

设备类型		型号	单位	数量
核心设备	拌合站	WCB600	台	1
主要设备	摊铺机	沃尔沃 ABG8820	台	2
	压实设备	柳工 CLG620H20t 振动压路机	台	1
		厦工 XG6201	台	1
		鼎盛天工 yl26	台	1
辅助设备	自卸汽车	奥曼	辆	10

试验段二主要配套设备　　表 11-2

设备类型		型号	单位	数量
核心设备	拌合站	WCB600	台	1
主要设备	摊铺机	沃尔沃 ABG8820	台	2
	压实设备	柳工 CLG620H20t 振动压路机	台	1
		厦工 XG6201	台	1
		鼎盛天工 yl26	台	1
辅助设备	自卸汽车	奥曼	辆	11

试验段二主要配套设备 表 11-3

设备类型		型　号	单　位	数　量
核心设备	拌合站	WCB600	台	2
主要设备	摊铺机	DT1800 大厚度摊铺机	台	1
	压实设备	中大 YZC13/17	台	1
		中大 YZ32D	台	1
		中大 YL37	台	1
辅助设备	自卸汽车	奥曼	辆	14

第 12 章 试验路铺筑与验证

12.1 试验路概况

试验路段内蒙古自治区省道 203 线满洲里至阿木古郎一级公路，位于呼伦贝尔市新巴尔虎右旗和新巴尔虎左旗境内，全长 235.6km，是呼伦贝尔市规划的“四横、四纵、十二出口”的重要主城部分。该地区气候特点：四季分明，多风少雨，夏季雨水集中，冬季寒冷漫长，1 月是最冷的月份，平均气温为 -22.5℃。考虑到冬季干冷而漫长，一年中施工期短，不足 4 个月，双层连续摊铺技术可以节约施工时间，对此气候区域具有非常明显的显示意义。

项目试验段定于第 8、9 标段 K130 +000 ~ K130 + 100、K119 +950 ~ K120 + 050、K108 +780 ~ 108 +880 三段施工路段。摊铺方案分别为 16cm + 16cm 底基层双层连续摊铺、16cm + 16cm + 18cm 底基层三层连续摊铺、32cm + 18cm 底基层大厚度双层连续摊铺。

各施工段混合料用量表，如表 12-1 所示。

各试验段水稳混合料用量表　　表 12-1

摊铺组合方式	长度(m)	下层基层用量(t)	中层基层用量(t)	上层基层用量(t)
16cm + 16cm	100	450	—	450
16cm + 16cm + 18cm	100	450	450	506.25
32cm + 18cm	100	900	—	506.25

12.2 水泥稳定碎石基层施工组织设计

12.2.1 双层连续摊铺施工工艺流程

相对于传统的半刚性基层分层连续施工,双层连续摊铺施工工艺在下基层摊铺碾压完成后,减少了铺设土工布洒水养生的工作,进而直接开始下一层的基层摊铺碾压,省去了养生所带来的时间和费用上的损耗。

双层连续摊铺施工流程为:下承层的验收→测量放样→混合料的拌和与运输→下基层摊铺碾压→上基层测量放样→上基层摊铺碾压→土工布洒水、养生,如图 12-1 所示。

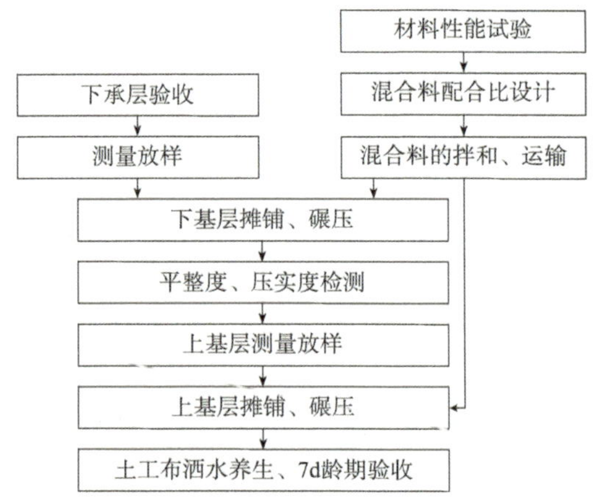

图 12-1 双层连续摊铺基层施工工艺流程图

12.2.2 摊铺施工方案设计

双层连续摊铺施工工艺在下基层碾压结束后即直接开始上基层的摊铺施工,此时下基层摊铺机具尚未撤走,因此需要设计合理的摊铺施工方案,为连续摊铺施工提供良好的作业工作面。

本书设计了两种施工方案:

方案 1:全幅流水作业施工法。采用两台摊铺机同时摊铺进行,一台摊铺机摊铺下基层,另一台摊铺上基层。两台机器中间预留 150m 工作区间,为压实机具提供作业面,每隔 100m 铺设出入便道,方便运料车进入作业区。每日施工完成后,对上基层表面和裸露在外的下基层表面进行土工布洒水养护,如图 12-2 所示。

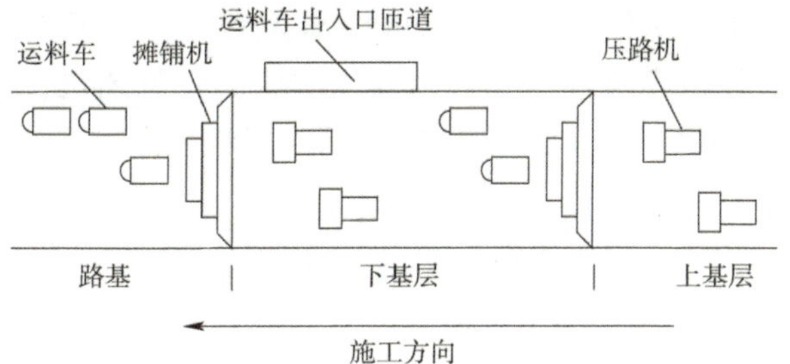

图 12-2 全幅流水作业法施工示意图

方案 2:分段作业施工法。采用一台摊铺机进行摊铺施工,以 400m 为一个区段划分,下基层摊铺 400m 后停止下基层混合料摊铺,碾压完成后将摊铺机开回起点,测量放样后摊铺上基层,待上基层压实结束后进行土工布洒水养生,如图 12-3 所示。

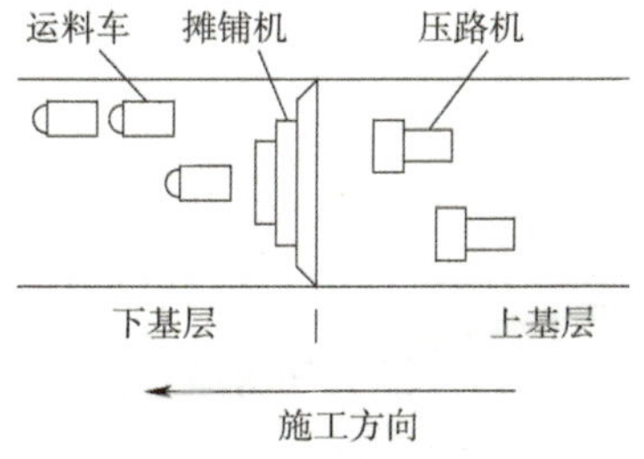

图 12-3 分段作业施工法

对两种双层连续摊铺施工方法进行对比分析。相对于传统的施工方法全幅流水作业施工法最为适合双层连续摊铺施工工艺,摊铺机不必频繁倒车拆装,由此施工效率得以显著提高,且摊铺机对每一结构层均不再作用第二次,可以减少施工车辆对未成型基层的平整度扰动。但是由于施工效率快,方案 1 对混合料的拌和有着更高的要求。项目试验段施工单位所采用的拌和站为 WCB600 型拌和站,其拌和水平为 600t/h,方案 1 采用的摊铺方法对混合料的需求远超过这一数字,因此必然需要更多的拌和站及运输车辆,对施工组织提出了更高的要求。方案 2 在试验段的铺筑上有着独特的优势,其施工组织简便,对摊铺机数量、运料车数量要求不高。但是在长距离施工中,摊铺机频繁的拆装会给施工进度带来极大的阻碍,且过多的横向接口也会影响路面的使用寿命。

为进一步确定试验路段施工方案,将两种施工方案与工程规模的关系进行了对比分析,从工程规模和施工期的角度看,假定道路宽度 12m。方案 1 摊铺宽度为

6m,厚度16cm+16cm,混合料密度2.5g/cm³,考虑在双拌合站均为600t/h情况下,每天工作8h,计算可知方案1每天的摊铺距离为2km。方案2摊铺宽度为12m,厚度为16cm,混合料密度及拌合站拌和能力均同上,摊铺机倒车或拆装时间计1h,每天按8h施工时间计算,可以得出施工期与工程规模关系,如表12-2、表12-3所示。

方案1施工期与工程规模的关系　　表12-2

工程规模(km)	2	4	6	8	10	12	14	16	18
工期(d)	9	10	11	12	13	14	15	16	18
工程规模(km)	20	22	24	26	28	30	32	34	36
工期(d)	20	22	24	26	28	30	32	34	36

方案2施工期与工程规模的关系　　表12-3

工程规模(km)	3	6	9	12	15	18	21	24	27
工期(d)	4	8	12	16	20	24	28	32	36

由图12-4可知,当工程规模小于16km时,方案1每公里的平均工期大于1d,当工程规模大于16km时,每公里的平均工期等于1d,因此当工程规模大于16km时,方案1较为节约时间。对于方案2,每公里的平均工期始终为1.33d。图中两条线的交点为(8.2,11.1),即当工程量大于8.2km时,方案1较为合适,当工程量小于8.2km时,方案2有着施工组织方面快捷的优势。考虑试验段长度较短,故采用方案2全幅分段作业施工进行施工作业摊铺。

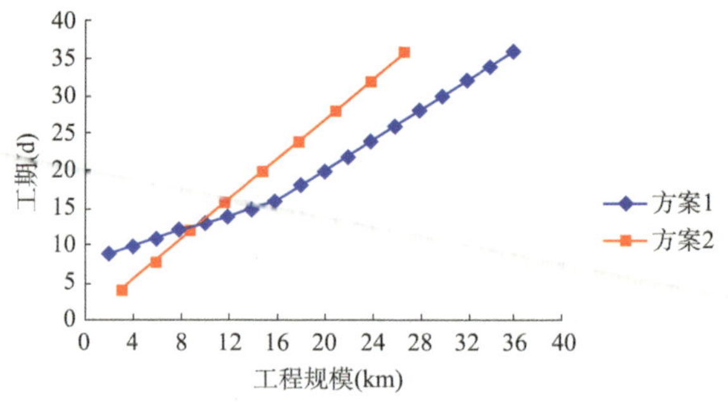

图12-4　两种方案工期随工程量变化规律

12.2.3 施工进度计划横道图

依据流水作业法的基本原理和保证路面摊铺连续进行的基本原则,以及根据施工中机械设备的配置和水泥稳定碎石用量等工程量的计算，对三个不同试验段的路面施工进行施工组织设计，绘制了施工计划横道图，如图12-5～图12-7所示。

编号	项目	时间(h)	施工进度(h)				
			1	2	3	4	5
1	底基层混合料拌和	2					
2	摊铺下基层	0.7					
3	摊铺机拆装	2					
4	摊铺上基层	0.7					

图12-5 试验段1底基层双层连续摊铺施工计划横道图

编号	项目	时间(h)	施工进度(h)							
			1	2	3	4	5	6	7	8
1	底基层混合料拌和	2								
2	摊铺下基层	0.7								
3	摊铺机拆装	2								
4	摊铺上基层	0.7								
5	摊铺机拆装	2								
6	基层混合料拌和	1								
7	摊铺基层	0.7								

图12-6 试验段2底基层三层连续摊铺施工计划横道图

编号	项目	时间(h)	施工进度(h)							
			1	2	3	4	5	6	7	8
1	底基层混合料拌和	2								
2	摊铺下基层	0.7								
3	摊铺机拆装	2								
6	基层混合料拌和	1								
7	摊铺基层	0.7								

图12-7 试验段3底基层双层连续摊铺施工计划横道图

试验段施工方案按图12-5～图12-7要求进行，对于试验段1、2使用拌合站A进行混合料供给，试验段3使用拌合站A、B联合混合料供给，开始摊铺之前，拌和站提前拌和混合料半小时，保证摊铺时水稳混合料供应充足，避免因摊铺机间断施工导致的横向接缝。

12.3 水泥稳定碎石施工工艺与质量控制

12.3.1 原材料的管理及质量控制

水稳基层所用的原材料主要包括：集料（碎石和石屑）、水泥、水等。良好的原材料管理及质量控制是铺筑高质量的水稳基层施工技术的重要环节，在施工过程中应加强对原材料的质量控制。

1）集料

（1）集料的来源

①集料生产时，首先应去除山体表层土、风化岩层或不合格的岩层，确保开采的块石不混杂泥土、风化岩石或不合格岩石，严格控制开采岩矿的均匀稳定性。

②集料要求来自同一个加工料场，一级破碎可以采用颚式破碎机，但其二级破碎设备应采用锤式或反击式破碎机，有条件的情况下优先采用圆锥破碎机。

③要定期检查破碎机的筛网，及时更换破损的筛网，避免破碎后的集料级配出现较大波动。

（2）集料的进场及堆放管理

①集料进场应办理质量检验单和计量单。应按规定的频率对集料进行抽检，做好检测记录，不合格的集料要严禁进场。

②集料堆放场地必须硬化，并修建排水设施。各种规格石料之间应进行有效的间隔，防止石料混杂和污染。

③集料应采用分层堆放以避免离析。粗集料（>4.75mm）的堆垛高度小于4m，细集料（<4.75mm）的堆垛高度小于6m，细集料堆放必须注意防雨防潮。

2）水泥

（1）普通硅酸盐水泥、矿渣硅酸盐水泥和火山灰质硅酸盐水泥均可使用，但应优先选用终凝时间长（宜在6h以上）、初凝时间长（3h以上）的水泥，有条件时应该采用微膨胀性基层混合料专用水泥。不得使用快硬水泥、早强水泥、安定期未到的或已受潮变质的水泥。

（2）确定合格的水泥厂。在水泥稳定碎石拌和站建立现场实验室，每批水泥要进行检验，不合格不得入场。水泥要检验强度等级和凝结时间。

（3）水泥进场入罐时，要了解其出炉天数，刚出炉的水泥，要停放7d以上才能使用，严禁使用安定期不合要求的水泥（在施工高峰期间，水泥供应紧张时必须严格控制）。夏季高温作业时，散装水泥入罐温度不能高于50℃，高于这个温度，若必须使用时，应采取降温措施，冬季施工，水泥进入拌缸温度不低于10℃。

（4）宜采用标号较低的水泥，如采用强度等级为32.5级或42.5级的水泥。

3）水

适宜的饮用水均可用于水泥稳定碎石施工。未经处理的工业废水、污水、沼泽水、酸性水不得使用。遇有可疑水源时，应进行试验鉴定。必须符合下列要求：

（1）硫酸盐含量应小于2.7mg/cm^3。

（2）含盐量不得超过5mg/cm^3。

12.3.2 施工准备

1）原材料准备

（1）水泥

试验采用的水泥为岭西生产的复合硅酸盐水泥，强度等级为P. C32.5，其技术指标如表12-4所示。

水泥性能指标　　表12-4

检测项目	技术指标	检测指标
密度（g/cm^3）		3.1
细度（%）	≤10	5.5
标准稠度用水量（mL）		154
初凝时间（min）	≥45	319
终凝时间（min）	≤600	407
3d抗折强度	≥2.5	4.2
3d抗压强度	≥10	14.7

（2）集料

试验采用集料规格分为0～4.75mm、4.75～9.5mm、9.5～19mm、19～37.5mm四个类型规格。

（3）水

施工单位在拌和站周围打机井，水质可供人畜饮用。

2）施工设备的准备

施工设备需配套的设备主要有：连续式水泥稳定碎石拌和机、摊铺机、装载机、自卸卡车、压路机、洒水车等。施工前要严格检查各种机械设备的性能，排除故障隐患，条件允许可以适当增加一些备用设备，尤其是摊铺机，需有一台备用，防止施工中出现问题，导致全面停工。

3）下承层准备

（1）交验的路基或底基层应无过干、过湿现象，表面平整、无积水、无松散现象。经检测，弯沉、高程等符合验收标准。

（2）为保证摊铺机行驶稳定，要求在摊铺机前设定行驶标线。

（3）为了保证稳定基层与路肩、中央分隔带结合部位的压实质量，中央分隔带填土及路肩填土应在摊铺稳定层前分层施工。施工前，按照每层高程挂线，采用人工堆填找平并初压，然后按照设计要求，稳定层宽度用人工进行切槽。

12.3.3 确定摊铺基准线

由于试验段直接铺筑在路基上，为了保证底基层、基层的纵坡和横坡，根据高程设计的要求，采用双边挂基准线法进行施工。相邻支撑桩的距离一般定为10m，选用直径为3mm的钢丝作为基准线。由于沿路基层设计宽度为11.25m，采用两台摊铺机进行梯形摊铺，为了加强接缝处横坡控制，采用前机一端用基准线控制，另一端用临时架设铝合金梁控制；后机一端用基准线控制，另一端用滑靴控制，从而实现对基层纵坡和横坡的有效控制。对架设的钢丝线每100～150m采用紧线器拉紧，其拉力为800～1000N，对完成架设的钢丝线，需经过测量复核。此外，在摊铺过程中，摊铺底基层时，摊铺机宜采用钢丝绳引导的高程控制方式自动找平，摊铺第二层底基层或基层时，摊铺机宜采用滑靴或非接触式平衡梁等进行自动找平。

12.3.4 水泥稳定碎石生产工艺及质量控制

水泥稳定碎石的生产工艺流程如图12-8所示。

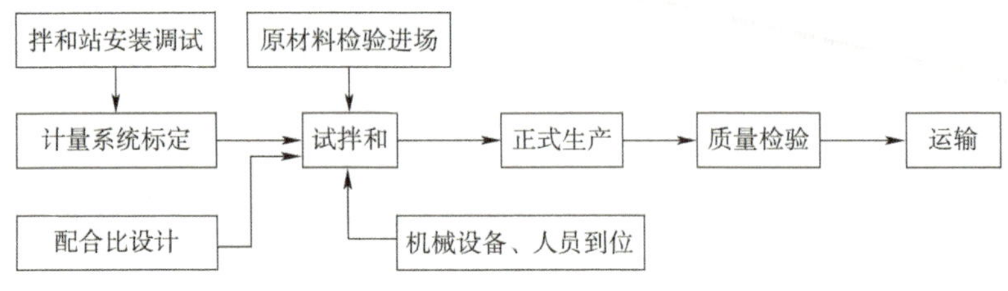

图12-8 水泥稳定碎石的生产工艺流程

1)拌和站的安装和调试

设备安装要由机械员和电工共同完成,设备安装后,进行试运转,排除各种可能的故障,期间操作人员需熟悉设备操作、掌握设备的运行规律。

2)计量系统标定

设备调试完成后应对集料供给系统、粉料供给系统、水供给系统进行标定,其误差应满足精度要求。

3)试拌和

标定好后根据调好的参数进行拌和。拌好的水泥稳定碎石要进行级配、水泥剂量、含水率、7d 无侧限抗压强度和均匀度等项目检测,以确定拌和机的各项参数是否合理。

4)正式生产

试生产结束后,各项指标检验合格,即可安排机械设备进行正式拌和。操作人员按照试拌时确定的实际控制参数进行生产。生产过程中要确保料斗仓中料充足、出料流畅、拌和用水稳定充足,出料斗采用间歇卸料方式。

5)检验出厂

水泥稳定碎石要及时进行外观、水泥剂量和含水率检验,稳定碎石颜色均匀一致,无灰条灰团,无明显粗细集料离析现象,水泥剂量需符合设计要求,含水率需高于最佳含水率,对于稳定粗粒土和中粒土,宜较最佳含水率大 0.5% ~1%,各项指标合格后方可出厂。同时试验员要取料做 7d 无侧限抗压强度试验。

6)质量标准

见表 12-5。

水稳碎石的质量检测　　表 12-5

序号	检 测 项 目	允许偏差或允许值	检测方法和频率
1	水泥强度和等级	≥设计强度等级	散装水泥同一批次每 500t 一组;袋装水泥同一批次每 200t 一组
2	水泥凝结时间	符合设计要求	
3	水稳碎石 7d 无侧限抗压强度	符合设计要求	2000m² 一组
4	水泥剂量	1.5% ~ -1.0%	500m² 一组或每小时

7)水稳碎石生产过程中的质量控制

(1)每个施工点拌和能力根据摊铺机确定,不宜低于 500t/h;不能使拌和设备超负荷拌料,条件允许时应适当降低产量,以保证拌和的均匀性。

(2)拌和设备应配备相应于水泥稳定碎石最大粒径 1.5 倍孔径的筛网,以筛除集料中不符合粒径要求的大颗粒；筛网宜倾斜布置，并派专人清除其上的大粒径集料。

(3)每天开始拌和前，应检查场内各种集料的含水率，计算当天的配合比。为确保水泥稳定碎石在最佳含水率下碾压，拌和厂的外加水与集料天然含水率的总和应略高于最佳含水率。增加的用水量应根据气温、风力和空气湿度经试验确定。应尽快将拌成的混合料运送到铺筑现场。

(4)水泥与集料应准确过秤，按重量比例掺配，并以重量比加水。拌和时加水时间及加水量应有记录，以提交工程师检验。

(5)集料的颗粒组成发生变化时，应重新调试设备或重新进行标准配合比设计。

(6)每天开始搅拌之后，出料时要取样检查是否符合给定的配比，进行正式生产之后，每1～2h检查一次拌和情况，抽检其配比、含水率是否变化。高温作业时，早晚与中午的含水率要有区别，要按温度变化及时调整。

(7)当进行拌和操作时，水泥加入方式应能保证自始至终均匀分布于被稳定材料中。拌和机内的死角中得不到充分搅动的材料，应及时排除。

(8)雨季施工时宜采用有效措施防止集料含水率增加，细集料应予棚盖以免遭雨淋。细集料出料口堵塞时应停止拌和，排除故障后方可继续生产。应根据集料和混合料含水率的大小，及时调整控制室中添加的水量。

12.3.5 水泥稳定碎石的运输及质量控制

(1)拌好的水泥稳定碎石应采用较大吨位(宜采用30t以上)的自卸汽车运输。运输车辆在每天开工前，要检验其完好情况，装料前要将车厢清洗干净，不得有水积聚在车厢底部。

(2)从拌和机向运料车上放料时，应分5次挪动汽车位置，以减少粗细集料的离析现象。汽车挪动放料示意图如图12-9所示。

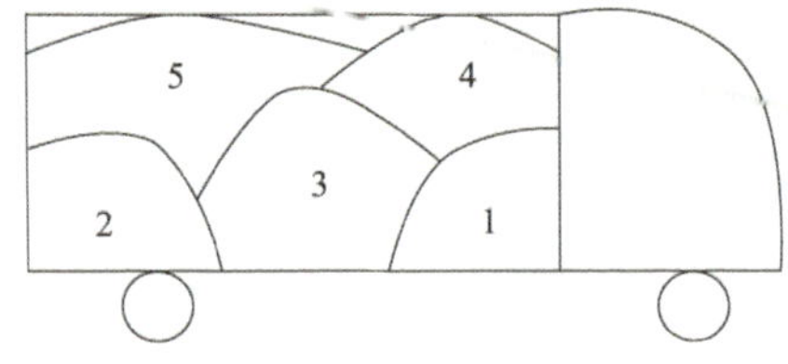

图12-9 汽车挪动放料示意图

(3)运料车应用篷布覆盖，用以保湿和防止污染，直至卸料时方可取下覆盖篷布。同时应保持装载高度均匀以防离析。

(4)对于基层,施工过程中摊铺机前方应有 2 ~ 3 部运料车在等候卸料。开始摊铺时在施工现场等候卸料的运料车不宜少于 5 辆。

(5)使用摊铺机连续摊铺时,运料车应在摊铺机前 10 ~ 30cm 处停住,不得撞击摊铺机。卸料过程中运料车应挂空挡,轻踩紧急制动,靠摊铺机推动前进。

(6)拌和好的混合料要尽快摊铺。如运输车辆中途出现故障,必须立即以最短时间排除,当有困难时,车辆混合料不能在初凝时间内运到工地时,必须予以转车或废弃。

(7)水泥稳定碎石运到摊铺地点后应凭运料单接收,并检查拌和质量。不符合质量要求,或已经结成团块、已遭雨淋湿的混合料不得铺筑在道路上。

12.3.6 水泥稳定碎石的摊铺及质量控制

1)混合料的摊铺工艺

混合料摊铺流程如下:汽车卸料—摊铺机受料斗—刮板输料器输料—螺旋布料器分料—振捣—熨平板熨平。

(1)根据前面分析所得到的工作参数,在摊铺机的控制板上进行设定。

(2)自卸车在摊铺机前 10 ~ 15cm 处对正摊铺机停车,空挡等候,避免撞击摊铺机;同时卸料要连续匀速稳定。如果卸料发生撒料,要及时清除摊铺机履带处的稳定料,以免影响平整度。

(3)摊铺机各执行机构的开关设置在自动状态。

(4)摊铺过程中,经常检查熨平板前的稳定料的堆积状况。如果堆积稳定料较少时,采用手动操作螺旋布料器及刮板输料器的开关。避免过多停机,导致平整度降低。

(5)摊铺过程中,经常检查基准线是否被碰掉,同时保证传感器的搭脚在基准线上是否稳定。

2)混合料摊铺过程质量控制

(1)铺筑底基层、基层前应检查下承层的质量。当下承层质量不符合设计规范要求时,应采取有效措施使之满足规范要求,否则不得铺筑底基层、基层。

(2)摊铺时,根据路面宽度,每个作业面应配备至少两台以上水泥稳定碎石摊铺机实现梯队联合作业。相邻两幅摊铺时应有 5 ~ 10cm 宽的水泥稳定碎石搭接。相邻两台摊铺机宜前后相距 5 ~ 10m 作业,尽可能零距离摊铺,并对摊铺混合料同时进行碾压。

(3)为减少离析,应尽量使一台摊铺机摊铺宽度大于 6.5m,此时可以将螺旋吊臂移到摊铺机的螺旋布料器的端部。

(4)水泥稳定碎石的松铺系数应根据实际的混合料类型、施工机械和施工工艺等,由试铺试压确定。摊铺过程中应随时检查摊铺层厚及路拱、横坡,并按使用的混合料总量与摊铺面积校验平均厚度,不符合要求时应根据铺筑情况及时进行调整。

(5)水泥稳定碎石应均匀、连续不间断地摊铺。摊铺过程中不得随意变换速度或中途停顿。

(6)摊铺机应具有自动或半自动方式调节摊铺厚度及找平的装置。在熨平板按所需厚度固定后,不得随意调整。

(7)摊铺过程中,应保持螺旋布料器全范围内物料分布均匀,要时刻注意刮板输料器及螺旋布料器料位计的高低,保证在摊铺机全宽度断面上不发生离析。螺旋布料器端部距物料挡板间距应在10~30cm之间,此间距超过30cm时必须加装叶片。摊铺过程中应在摊铺机后面设专人观察螺旋布料器布料是否均匀,是否产生离析、卡料或虚铺,一旦发生此现象应启动摊铺机全速旋钮迅速补料。

(8)严禁空仓收斗。水泥稳定碎石施工时应避免每车料收斗一次的做法,仅当料斗内沾附较多混合料时方需收斗。收斗应在运料车离去、料斗内尚存较多混合料时进行,收斗后应立即连接满载的运料车向摊铺机内喂料。

(9)在摊铺机后面设专人消除粗细集料离析现象,特别应该铲除局部粗集料"窝",并用新拌混合料填补。

12.3.7 水泥稳定碎石的压实与质量控制

1)碾压工艺

碾压是控制基层压实度、平整度的最后一道工序。主要影响因素包括碾压速度、碾压顺序、碾压段长度、振动压实时压路机的振幅和频率。根据前面的研究和分析,采用以下碾压工艺:

(1)混合料在摊铺50~60m的范围内时,压路机可以在摊铺的全宽范围内进行碾压,并遵循先慢后快、由低侧向高侧碾压的原则。在振动压实时,必须做到先启动再启振,先停振后停机(图12-10)。

(2)初压:一台厦工XG6201以1.5~2.0km/h的速度,重叠1/3轮迹静压两遍;

(3)复压:中大YZ32D以2.0~2.5km/h的速度,采用低频、高幅交替振动碾压五遍,以压实基层下部;轮迹重叠30cm;

(4)终压:一台中大YL37静碾两遍,以3.0km/h左右的速度,整平、收光。

图 12-10 碾压设备现场作业

2)碾压过程质量控制

(1)压实后的水泥稳定碎石基层应符合压实度及平整度的要求,采用重型压路机、分层施工时,每层的压实厚度不宜超过 200mm。压实厚度超过 200mm,应分层铺筑,分层压实厚度不得小于 10cm,建议每层的最小压实厚度为 150mm。分层摊铺时,下层宜稍厚。

(2)碾压分初压、复压和终压三阶段。初压时,宜采用轻型压路机对结构层在全宽范围内进行稳压,先静压 1 ~2 遍。碾压速度控制在 1.5 ~2km/h 为宜。复压时,采用重型压路机振动碾压,一般碾压 4 ~6 遍,在按试验段确定的碾压遍数碾压完成后,应立即检测压实度。如压实度未达到规定的压实度,应继续碾压,直至压实度合格。碾压速度控制在 2 ~3km/h 为宜。终压时,采用轻型压路机,静压 1 ~2 遍。碾压速度控制在 3 ~5km/h 为宜。碾压时,直线段由两侧向中心碾压,曲线段由内侧向外侧碾压,静碾时轮迹重叠 1/3 ~1/2;振动碾压时碾压轮迹应重叠 250 ~350mm。

(3)压路机应以慢而均匀的速度碾压,压路机的碾压速度应符合表 12-6 的规定。

压路机碾压速度(km/h) 表 12-6

压路机类型	初压		复压		终压	
	适宜	最大	适宜	最大	适宜	最大
振动压路机	1.5 ~2 (静压)	2 (静压)	2 ~3 (振动)	3 ~4 (振动)	3 ~5 (静压)	5 (静压)

(4)压路机应从高程较低的一侧向高程较高的一侧碾压,最后碾压路中心部分,压完全幅为一遍。当边缘有挡板、路缘石、路肩等支挡时,应紧靠支挡碾压。当边缘无支挡时,可用耙子将边缘的混合料稍稍耙高,然后将压路机的外侧轮伸出边缘 10cm 以上碾压。也可在边缘先空出宽 30 ~40cm,待压完第一遍后,将压路机大部分重量位于已压实过的混合料面上再压边缘,以减少向外推移。

(5)振动压路机的振动频率和振幅应经试验段试验确定,并根据混合料种类和层位选用。振动压路机倒车时应先停止振动,并在向另一方向运动后再开始振动,以避免混合料形成鼓包。

(6)碾压时应将驱动轮面向摊铺机。碾压路线及碾压方向不应突然改变而导致混合料产生推移。压路机起动、停止必须减速缓慢进行。严禁压路机在已完成的或正在碾压的路段上掉头和紧急制动,以保证水泥稳定碎石层表面不受破坏。

(7)压实后表面应平整,无轮迹或隆起、裂纹搓板及起皮松散等现象。碾压过程中,水泥稳定层表面应始终保持湿润,钢轮压路机碾压时不应洒水。仅当碾压面干涩且出现较多微小裂纹时,方可少量洒水碾压。

(8)施工中,从加水拌和到碾压终了的延迟时间应严格控制使碾压时段在混合料延迟时间内。不得超过水泥终凝时间,按试验路段确定的合适的延迟时间严格施工。

(9)应严格控制水泥稳定层压实厚度和高程,其路拱横坡应与路面面层一致,水泥稳定层施工时严禁用薄层贴补法进行找平。

12.3.8 施工接缝控制

(1)用摊铺机摊铺混合料时,中间不宜中断,如因故中断时间超过 2h,应设置横向接缝。横向接缝处理不良是水泥稳定碎石基层施工中存在的主要技术问题,应注意提高施工接缝技术,保证基层质量。

(2)需要设置横向接缝时,摊铺机应驶离混合料末端。用人工将末端混合料整齐,紧靠混合料放两根方木,方木的高度应与混合料的压实厚度相同。整平紧靠方木的混合料,方木的另一侧用砂砾或碎石回填约 3m 长,其高度应高出方木几厘米。将混合料碾压密实。

(3)在重新开始摊铺混合料之前,将砂砾或碎石和方木除去,并将下承层顶面清扫干净。摊铺机返回到已压实层的末端,重新开始摊铺混合料。

(4)如摊铺中断时未按上述方法处理横向接缝,而中断时间已超过 2 ~ 3h,则应将摊铺机附近及其下面未经压实的混合料铲除,并将已碾压密实且高程和平整度符合要求(用 3m 直尺确定)的末端挖成一横向(与中心路线垂直)垂直向下的断面,然后再摊铺新的混合料。

(5)横缝应与路面车道中心线垂直设置,并竖向垂直于路基表面。

(6)应避免纵向接缝。若分幅梯形摊铺时,宜采用两台摊铺机一前一后相隔 5 ~ 10m 同步向前摊铺混合料,并一起进行碾压。当无法避免纵向接缝时,处理方法同横向接缝。

12.3.9 养生控制

(1)水泥稳定碎石施工时每一段碾压完成并经压实度检查合格后应立即开始养生,不应延误。当养生结束后,应及时施工上一结构层,严禁基层长时间暴露。

(2)基层保湿养生方法可视具体情况采用洒水、塑料薄膜、土工布、毡布等,养生时间不应少于7d。养生期间除洒水车外应封闭交通。采用不透水薄膜进行养生时,薄膜应有一定厚度,两幅间应相互搭接20cm以上。覆盖薄膜后应以砂等重物压边,不得采用土颗粒或基层废料等具污染性材料压边。

(3)上基层施工完毕后,应及时撒布透层沥青进行养护。

(4)宜在撒布透层油后,尽快铺筑下封层和沥青面层,如不能及时铺筑沥青层需要通行施工车辆的,可以在透层油上撒一层石屑和粗砂作磨耗层,石屑和粗砂撒布要均匀,不宜太多,撒布结果要使石屑和透层油黑白相间。应限制重型车辆通行,其他车辆的车速不应超过30km/h。

12.4 现场压实度检测

根据上节研究的施工组织设计方法,在内蒙古S203满阿段完成了试验段的铺筑工作,并对各结构层平整道及压实度进行检测。

试验段位于第8、9标段K130+000~K130+100、K119+950~K120+050、K108+780~K108+880。摊铺方案分别为16cm+16cm底基层双层连续摊铺、16cm+16cm+18cm三层连续摊铺、32cm+18cm双层连续摊铺。如图12-11所示为试验段施工现场。

a)底基层双层连续摊铺试验段1施工现场

图 12-11

b)底基层基层三层连续摊铺试验段2施工现场

c)底基层基层双层连续摊铺试验段3施工现场

图 12-11　试验段施工摊铺现场

双层连续摊铺施工工艺下，上基层碾压时，下基层水泥尚未凝结，其压路机的激振力会对下基层混合料产生再压实效果，因此对于双层连续摊铺施工来说，有必要对下基层压实度进行再检测。

1）压实度检测方法

压实度检测点为 40m 一个，其压实度检测方法采用《公路路基路面现场测试规程》中的“灌砂法”进行，将每次取出的水稳混合料取部分测定其含水率。压实度检测工作在下基层摊铺碾压结束后立即进行，每段试验段检测 3 个点；上基层碾压后需对下基层压实度进行再观测，具体方法如下：

在上一次检测压实度桩号旁取一点，先用铁锹人工铲出一个 1m^2 左右、深 16cm 的坑面（面积不得小于基板面积），保证下基层表面平整，并将其清扫干净，然后按照“挖坑灌砂法测定压实度试验方法”进行压实度检测，取部分水稳料进行含水率检测。如图 12-12 所示为压实度检测现场情况。

2）压实度检测结果及分析

对 3 段试验段分别进行压实度检测，结果见表 12-7 ~ 表 12-12，标准砂松方密度为 1.37，水稳料最大干密度为 2.232。

a)下基层压实度检测

b)下基层再压实后压实度检测

图 12-12　压实度检测工作

K130 +000 ~ K130 +100 段下基层压实度检测结果　　表 12-7

检测点桩号	材料含水率(%)	施工压实度(%)
K130 +010	5.6	96.5
K130 +050	5.6	97.6
K130 +090	5.6	96.9

K130 +000 ~ K130 +100 段下基层再压实后压实度检测结果　　表 12-8

检测点桩号	材料含水率(%)	施工压实度(%)
K130 +010	5.4	99.2
K130 +050	5.5	98.9
K130 +090	5.7	99.7

K119 +950 ~ K120 +050 段底基层压实度检测结果　　表 12-9

检测点桩号	材料含水率(%)	施工压实度(%)
K119 +960	6.1	97.6
K120 +010	6.6	96.8
K120 +040	5.8	97.2

K119 +950 ~ K120 +050 段底基层再压实后压实度检测结果　　表 12-10

检测点桩号	材料含水率(%)	施工压实度(%)
K119 +960	5.9	99.4
K120 +010	6.5	99.1
K120 +040	6.1	99.6

K108 +780 ~ K108 +880 段底基层压实度检测结果　　表 12-11

检测点桩号	材料含水率(%)	施工压实度(%)
K108 +790	7.1	97.9
K108 +830	6.7	96.9
K108 +870	5.6	95.8

K108 +780 ~ K108 +880 段底基层再压实后压实度检测结果　　表 12-12

检测点桩号	材料含水率(%)	施工压实度(%)
K108 +790	6.8	101.4
K108 +830	6.1	99.2
K108 +870	5.8	98.8

从表 12-7 ~ 表 12-12 可以看出，上基层的碾压工作对强度尚未成型的下基层明显起到了压实作用，对以上数据进行处理，如图 12-13 所示。

通过上述检测数据可以分析得出，经过再压实后，下基层压实度会有一个明显的提升，第一次压实度检测平均值为 97.0%，在压实后的检测平均值为 99.48%，平均提高了 2.46%，其中 K108 +790 处检测其再压实效果压实度出现了超百情况，可能是由于该路段压实采用的是 32t 大吨位震动压路机，其激振力与室内试验时模拟条件差异过大产生的。

由此可以看出双层连续摊铺施工技术可显著提高下基层压实度质量效果，采用这种施工方法可以适当地放宽下基层压实度标准，在上层施工时进行补压，从而降低施工成本，具有较高的适用性和推广性。

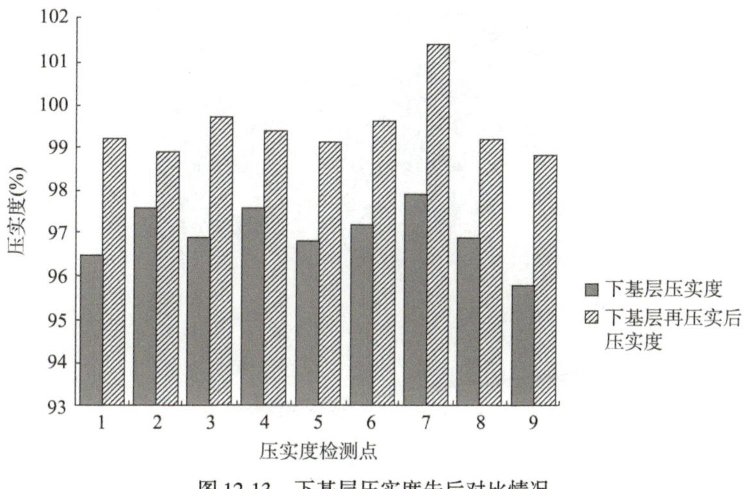

图 12-13　下基层压实度先后对比情况

12.5　后期观测

(1)路基性能观测

对于双层连续摊铺施工,除了平整度与压实度控制外,因为双层连续摊铺基层厚度一般过大,下基层水稳混合料水分、温度等养生条件均不如上基层,因此还需对下基层水稳混合料抗压强度进行检测。

为此在试验段施工后养生 7d、14d、28d 龄期后对试验段进行了钻芯取样,将试件从层间处锯开,表面磨平后分别对其进行了无侧限抗压强度试验,图 12-14 为取样试验过程,表 12-13 为计算结果。

图　12-14

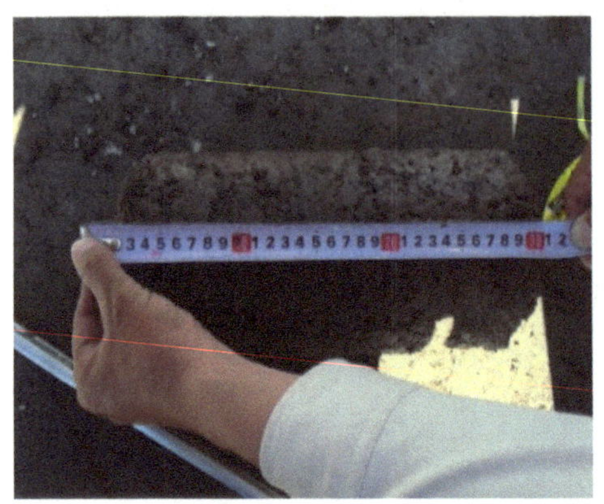

图 12-14　水稳基层芯样

无侧限抗压强度检测结果　　表 12-13

序号	养生龄期(d)	桩　　号	上基层抗压强度(MPa)	下基层抗压强度(MPa)	对比值(%)
1	7	K130 +020 左	3.6	3.1	86
2		K130 +070 右	4.0	3.7	92
3		K130 +080 右	3.8	3.3	86
4		K108 +800 右	4.4	4.1	93
5		K108 +810 左	4.7	3.7	78
6		K108 +850 左	4.1	3.6	87
7	14	K130 +010 左	5.2	5.1	98
8		K130 +050 左	5.1	4.9	96
9		K130 +080 右	4.7	4.4	93
10		K108 +790 左	5.5	5.1	92
11		K108 +830 右	5.3	5.1	96
12		K108 +860 右	5.6	5.6	100
13	28	K130 +030 左	6.2	6.4	103
14		K130 +040 右	6.4	6.5	101
15		K130 +080 右	5.9	6.2	105
16		K108 +810 右	6.3	6.4	101
17		K108 +850 左	6.5	6.5	100
18		K108 +860 左	6.6	7.0	106

图12-15为7d龄期时钻芯取样结果,对其上下层分别进行无侧限抗压强度试验可以看出,7d龄期时其下基层抗压强度平均值为3.6MPa,满足规范设计的2.5MPa,但相比于上基层明显较小,仅为上层抗压强度87.5%,这是由于基层底部无论是温度还是含水率都达不到基层表面的标准,因此强度成型较慢;这一差值随着养生龄期的增加而逐渐减少,养生14d龄期后这一差值为96%,养生28d后其基层底部抗压强度反而超过基层表面,这是由于养生28d后其抗压强度增长逐渐放缓,水泥水化作用充分,由于下层基层经过再压实,其压实度高于上基层,因此其密实性更好,抗压强度较大。

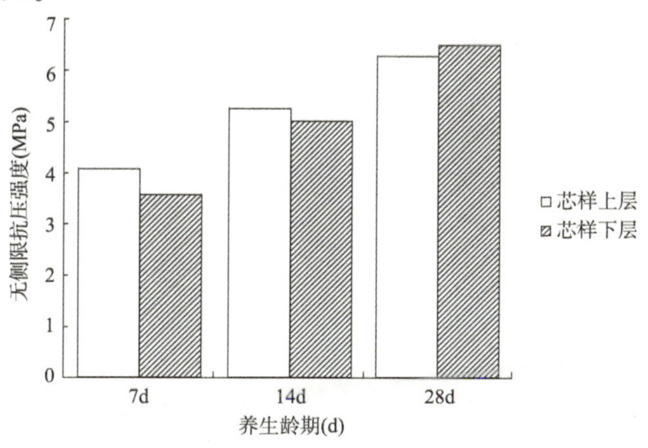

图12-15　芯样无侧限抗压强度检测

(2)路面性能观测

半刚性基层采用双层连续摊铺技术完成施工后,对压实度、平整度、抗压强度等关键指标进行检验。检验合格后,以半刚性基层为基础,采用传统施工技术开展面层施工。面层施工完成后,按照规范要求对内蒙古省道203满阿段试验路段路面弯沉、车辙、平整度、构造深度、横向力系数等指标进行检测,检测结果见表12-14。

路面指标检测结果汇总表　　表12-14

抽检项目	测试点数	合格点数	合格率(%)
路面弯沉	18	18	100
车辙	171	171	100
平整度	18	18	100
构造深度	171	171	100
横向力系数	171	171	100

通过对路面关键指标进行检测可以得出,路面关键指标合格率为100%,因此可进一步得出采用双层连续摊铺技术进行基层铺筑,对提升道路面层质量具有促进作用,完全能够满足沥青路面铺筑需求。

第13章 路面双层连续摊铺初探

通过开展双层连续摊铺技术在半刚性基层的研究应用,明确了双层连续摊铺技术在半刚性基层铺筑过程中具有施工周期短、施工造价低、层间结合效果好、机械利用率高等优势。我国传统沥青路面施工工艺主要是分层摊铺和逐次碾压,路面施工工序相对比较独立,存在施工周期长、设备利用率低等缺陷,若能将双层连续摊铺技术应用于路面铺筑,则可进一步提高路面施工效率,提升路面整体性能。因此有必要进一步探索双层连续摊铺技术在道路面层铺筑过程的实际应用性能。

13.1 路面双层连续摊铺设备

路面双层连续摊铺工艺是将上面层、中面层两层混合料同时摊铺,一体碾压,两层集料相互嵌挤、相互融合,进而形成一个整体的复合式双层路面结构层,从而在节省两层之间喷洒黏结材料的同时实现了最佳的层间黏结。双层摊铺技术能充分地利用下层混合料余热改善磨耗层混合料的压实条件,保证路面达到更高的压实度,摊铺过程的主要机械设备有转运车、摊铺机等,摊铺过程中首先利用转运车将沥青混合料运输到指定位置,而后利用双层摊铺机将不同级配混合料分层一次铺筑,并利用路面压实机械一次压实,从而形成一个整体的双层路面。

13.1.1 双层连续摊铺设备调查

通过调查,目前国内外市场上主流的双层连续摊铺设备主要有戴纳派克F300CS和维特根SP1600等,其设备性能及参数如表13-1所示。

双层摊铺设备性能及参数　表 13-1

设备类型	单　位	戴纳派克 F300CS	维特根 SP1600
料斗容积	t	40t + 25t	25t
摊铺宽度	m	11.75m	16m
摊铺速度	m/s	2 ~ 6	2 ~ 5
行驶速度	km/h	3.5	3.5
运输重量	t	30	16
运输宽度	cm	300	300

双层摊铺设备选择时首先应根据沥青路面设计要求(如路面宽度、混合料类型、厚度组合等)以及工作量和工期等进行确定,其作业能力 Q_t 和作业速度 v 由下列公式确定:

$$Q_t = (1.2 \sim 1.3) Q_b \tag{13-1}$$

式中:Q_t——生产能力;

Q_b——拌和设备生产功率(t/h)。

$$v = Q_b C / 60DBH \tag{13-2}$$

式中:Q_b——搅拌设备生产功率(t/h);

C——效率影响系数,取 0.6 ~ 0.8;

D——摊铺层压实密度,取 2.4t/m^3;

B——路面摊铺宽度(m);

H——路面摊铺厚度(m)。

13.1.2 双层连续摊铺设备分类与特点

双层连续摊铺技术所用机械设备种类与现有摊铺技术相比种类相对较少。从双层连续摊铺设备组装方式角度进行区分,目前的双层连续摊铺机主要为组合式和整体式。组合式双层摊铺机大多由一台传统摊铺机改装而成,通过外挂独立行走系统,同时加装第二套辅助摊铺系统配合作业;与组合式双层摊铺机相比,整体式双层设备整机只有 1 套动力系统提供动力、只需要 1 组牵引大臂即可自行进行安装,与传统摊铺机一样,整体式双层连续摊铺机为独立行走模式。图 13-1 为整体式摊铺机示意图。

课题组在路面双层连续摊铺探索过程中,所用机械设备为整体式双层摊铺设备,设备名称为戴纳派克双层摊铺机,设备包含一台 F300CS 高性能摊铺机、上中面层各一套熨平板，中面层熨平板置一套震动钢梁，以保证中面层摊铺后可达到85%以上压实度，两套沥青混合料接料斗，其中，中面层混合料料斗45t、上面层料斗25t，摊铺设备示意图如图13-2所示，设备参数见表13-2。

图13-1 整体式路面双层摊铺机示意图

图13-2 路面双层摊铺机示意图

戴纳派克双层摊铺机技术参数 表13-2

参数名称	单位	技术参数值	
容积	t	F300CS	Am 300
料斗容积	t	45	25
摊铺宽度	m	16	11.75
最大摊铺速度	m/min	20	
行驶速度	km/h	3.6	
运输重量	t	30	16
总长	mm	7367	8100
总高	mm	3500	3600
运输宽度	mm	3000	3300
道依茨，水冷	—	BF6m 1015C	BF6m 1013 ECP
功率	kW	259	160
速度	r/min	1800	1800

该双层摊铺机拥有两套相互独立的摊铺设备，主要结构部分包括两个接料斗（上中面层混合料各配置一个）、刮板输料器、螺旋分料器、熨平振、捣钢梁以及自动找平装置等。

(1)双混合料接料斗：课题组所用双层摊铺设备拥有两个独立的接料斗，其中上面层料斗45t、中面层料斗25t。混合料的运输需要靠转运车转运完成，转运车料斗容积为45t，每小时最高转运能力500t，完全能满足双层摊铺机对混合料的要求，转运车技术参数见表13-3，转运车工作过程示意图如图13-3所示。

戴纳派克转运车 MF300 C 技术参数　　表13-3

参数名称	单　位	技术参数值
料斗容积	t	45
皮带宽度	cm	120
最大输料能力	t	3500
卸载高度	可变	
最大工作速度	m/min	23
行驶速度	km/h	4.5

图13-3　工作中的戴那派克 MF300 C 转运车

（2）输料器结构：双层摊铺输料器沿用了传统设备的供料方法，设置了两套刮板式输料器，以便控制左右方向供料量。

（3）分料系统：双层摊铺设备两套螺旋分料系统分别位于设备后部前后两个摊铺槽内，用于保证混合料均匀传送，如图13-4所示。

（4）熨平板：双层摊铺设备具有两套独立的熨平设备，除了能够将双层摊铺设备各自摊铺槽内的沥青混合料分别在路面宽度上分别铺平和熨平外，下层的振捣装置可使混合料获得85%以上的初始压实度，有效缓解了初始压实度不足引起的下面层摊铺后的沥青混合料承重能力差的问题，进一步提高了双层混合料的稳定性。如图13-5所示。

（5）摊铺自动找平系统：双层摊铺设备主要依靠两边外置的传感器进行找平，即由内置控制器对传感器传递的误差信号进行预处理，之后传递给换向阀，最终通过找平液压缸的动作实现双层摊铺的自动找平。

图 13-4　螺旋分料器

图 13-5　前后熨平板

13.1.3　双层连续摊铺施工机械配置

1)沥青混合料拌和设备

通常情况下双层摊铺需配置两台拌和设备,假定拌和设备为 A、B,额定产量分别为 M_A、M_B,沥青拌合站的设置主要是根据工作总量和工期决定,令 $M_A \leqslant M_B$,目前,在高速公路施工中广泛使用的以 3000 型、4000 型、5000 型沥青拌和设备为主,则:

$$(M_A, M_B) = \begin{cases} (240,320) \\ (240,400) \\ (320,400) \end{cases} \tag{13-3}$$

$$t_1' = \frac{x_1' \rho_1 WL}{0.7 \times 0.8 \times 8 M_A} \tag{13-4}$$

$$t_2' = \frac{x_2'\rho_2 WL}{0.7\times0.8\times8M_B} \tag{13-5}$$

式中：t'——拌和设备 A 生产上面层混合料时间，每日工作 8h，生产系数 0.8；

x_1'——上面层变更后结构层厚度；

t_2'——拌合站 B 生产中面层混合料所需时间，设定每日工作 8h，生产系数 0.8；

x_2'——中面层变更后结构层的厚度；

ρ_1——上面层混合料的密度；

ρ_2——上面层混合料的密度；

W——摊铺路段宽度；

L——摊铺路段长度。

如两套拌和站协同生产，则需 $t_1'\geqslant t_2'$，且 t_1'、t_2' 值越接近，说明两套拌和站生产配合更优化。若忽略 ρ_1、ρ_2 细微差别，由式(13-4)、式(13-5)可得：

$$x_1'M_B\leqslant x_2'M_A \tag{13-6}$$

假定中上面层原级配设计$(x_1, x_2)=(4,6)$，则变更后中上面层为：

$$(x_1', x_2')=\begin{cases}(4,6)\\(3,7)\\(2,8)\end{cases} \tag{13-7}$$

将(x_1', x_2')带入式(13-6)，得到的结论见表 13-4。

不同路面结构组合下拌和设施推荐　　表 13-4

路面结构组合	拌合站匹配
上中面层 4cm + 6cm	3000 型 + 4000 型
上中面层 3cm + 7cm	3000 型 + 4000 型
上中面层 2cm + 8cm	3000 型 + 5000 型

由表 13-4 可得：

(1)双层摊铺采用 4cm + 6cm 及 3cm + 7cm 路面结构组合时，最优采用 3000 型 + 4000 型拌合站协调供料可以达到最优效果。

(2)双层摊铺采用 2cm + 8cm 路面结构组合时，最优采用 3000 型 + 5000 型拌合站协调供料可以达到最优效果。

2)沥青混合料运输设备

与此同时，为了保证双层摊铺工作的连续性，需要优先保证混合料转运车的运输能力，确保摊铺过程中不会因运输问题导致摊铺中断，混合料运输车辆一般要求

40t 以上，且应保证摊铺机前至少已停放 5 辆混合料运输车的情况下开始摊铺作业，车辆台班与运距关系见表 13-5。

运输设备台数与运距关系 表 13-5

运距(km)	每公里运距配置车辆	摊铺机前运输车辆
运距 < 3	2 ~ 3 台	>5 台
运距 < 10	3 ~ 4 台	
运距 > 10	4 台	

路面双层连续摊铺施工过程与常规摊铺施工相比，摊铺步骤的衔接更为关键，故需进一步强化摊铺过程现场管理，施工现场应执行以下管理措施：

(1)必须设置 2 名施工人员指挥车辆。

(2)不同种类混合料运料车做好明显标识。

(3)要求 2 种混合料运输车辆布置 2 列，并且间隔 20 ~ 30m。

3)碾压设备

与传统沥青路面结构层碾压相比，双层连续摊铺所需碾压的沥青路面结构层更厚，沥青混合料压实难度更大，需要先采用 4t 小钢轮压路机进行稳压，之后采用 13t 以上的重型压实设备进行复压和终压，碾压设备推荐如表 13-6 所示。

碾压设备选择 表 13-6

<table>
<tr><th>序号</th><th>机械名称</th><th>吨位(t)</th><th colspan="2">功 能</th></tr>
<tr><td>1</td><td>小型双钢轮压路机</td><td>4</td><td colspan="2">稳压</td></tr>
<tr><td>2</td><td>大型双钢轮压路机</td><td>>13</td><td colspan="2">初压、终压</td></tr>
<tr><td>3</td><td>胶轮压路机</td><td>>30</td><td>复压</td><td>1</td></tr>
</table>

13.2 路面双层连续摊铺施工组织设计

为进一步验证双层连续摊铺技术在路面铺筑过程中的实际应用情况，本书课题组通过试验路铺筑对路面双层连续摊铺技术进行了验证，试验路段采用 3cm AC-13 +7cm AC-20、4cm AC-13 +6cm AC-20、4cmSMA-13 +6cm AC-20、4cm SMA-13 +6cm SMA-16 四种厚度组合方案，每个方案铺筑 800m，全长 3200m，路面宽度为 10.5m。试验路段长度相对较短，计划用 2 天完成，第 1 天试铺 300m，第 2 天完成试验路段剩余路面的铺筑。

13.2.1 路面双层连续摊铺工艺流程

路面双层摊铺施工主要工艺流程为：施工准备→测量放样并设置相关标志→沥青混凝料的拌和→沥青混合料的运输→摊铺→碾压→养生。

1）施工准备

在路面铺筑之前，首先从下面层将所有浮土、杂物消除干净，使其符合图纸所规定的要求和规范的有关要求，并达到规范要求的平整度和压实度。

2）测量放样并设置相关标志

准备工作完成后，进行路面铺筑前的测量放样工作，在两则路肩边缘设指示桩，然后进行高程测量，在两侧指示桩上用明显标记标出路面边缘的设计高程。铺筑过程中的高程、纵坡、平整度及横坡度控制均采用基准钢丝。架设基准杆钢丝时用紧线器拉紧，并调整好正确的高程及平面位置。同时设置警告、警示标志，禁止非施工车辆、人员进入工地现场。

3）沥青混合料拌和与运输

按照路面级配设计将上中面层沥青混合料进行拌和，拌和完成后利用沥青混合料转运车将沥青混合料运输到试验路段，为满足摊铺机连续施工的要求，开始摊铺作业时，摊铺机前至少停放 5 辆混合料运输车。

4）摊铺

拌和完成的沥青混合料运输到施工现场后，利用摊铺机进行摊铺，路面厚度利用钢丝线进行控制，控制线的钢丝拉力不小于 800N。施工过程中摊铺机不随意变速、停机，以保障摊铺的连续性和匀速性。

5）碾压

路面摊铺完成后对路面进行碾压，碾压过程以试验路段确定的程序与工艺为标准，一次碾压长度为 30 ~ 40m。接茬复压长度不小于 2m，且碾压过程设有专人进行指挥。为保证碾压后路面压度实满足要求，在施工过程中提出了以下注意事项：①碾压时，直线段由低向高碾压，曲线段由内侧向外侧碾压，静碾时轮迹重叠 1/3 ~ 1/2，振动碾压轮迹应重叠 250 ~ 350mm。②压路机倒退和制动要轻且平稳。③压路机停车务必错开 3m 以上，且应停在已碾压好的路段上，以免破坏底基层结构。

6）养生

当碾压完成且压实度、平整度满足要求时便开始养生，养生过程中严禁大型车辆进入，小型车辆行驶速度应小于 40km/h。

13.2.2 试验路段机械设备与材料配置

1)机械设备配置

路面双层连续摊铺所需机械设备有拌和场设备、运输设备、摊铺设备已经碾压设备,为保证路面双层连续摊铺施工连续性和施工质量,对施工机械设备进行了明确要求:

(1)拌和场设备。沥青混合料由两个拌和站A、B生产。A拌和站配备3000型沥青拌和设备,生产上面层沥青混合料,额定产量为240t/h,B拌和站配备4000型沥青拌和设备,生产中面层沥青混合料,额定产量为320t/h。

(2)运输设备。为保证路面施工质量,共需配置15辆40t自卸汽车。拌和站A配9辆,拌和站B配6辆。要求不同种类混合料运料车做好明显标识,两种混合料运输车辆布置2列,且间隔20~30m。自卸汽车要具有紧密、清洁、光滑的底板和侧板,具有保温、防雨防止尘埃污染的覆盖物,并根据要求在侧板位置设置测温孔,保证沥青混凝土到施工现场的温度满足要求。

(3)摊铺设备。双层摊铺设备选择戴纳派克整体式双层摊铺机,该设备包含一台F300CS高性能摊铺机、上中面层各一套熨平板,中面层熨平板置一套震动钢梁,以保证中面层摊铺后可达到85%以上压实度,两套沥青混合料接料斗,其中中面层混合料料斗45t、上面层料斗25t。为满足摊铺机的供料要求,为其配置相应的运转机。型号为戴纳派克转运车MF300C。转运车料斗容积为45t,每小时最高转运能力500t。

(4)碾压设备。试验段所需碾压机械共计12台,其中2台4t小型压路机、6台13t双钢轮压路机以及4台30t胶轮压路机。

表13-7为试验段所需配置的各种主要机械设备。

试验路所需主要机械设备　　表13-7

序号	设备名称	功率或容量	单位	数量
1	3000型拌合站	240t/h	座	1
2	4000型拌合站	320t/h	座	1
3	自卸汽车	40t	台	15
4	戴纳派克整体式双层摊铺机	摊铺宽度11.75m	台	1
5	戴纳派克转运车MF300C	料斗容积为45t,每小时最高转运能力500t	台	1
6	小型双钢轮压路机	4t	台	2

续上表

序号	设备名称	功率或容量	单位	数量
7	大型双钢轮压路机	13t	台	6
8	胶轮压路机	30t	台	4

2）试验路段材料需求

按照试验路段设计方案，通过计算可计算出试验段各沥青面层组合的混合料用量，如表 13-8 所示。

试验段各沥青面层组合及混合料用量表　　表 13-8

沥青面层组合	长度（m）	上面层混合料用量（t）	中面层混合料用量（t）
3cm AC-13 +7cm AC-20	800	617.4	1440.6
4cm AC-13 +6cm AC-20	800	823.2	1234.8
4cm SMA-13 +6cm AC-20	800	823.2	1234.8
4cm SMA-13 +6cm SMA-16	800	823.2	1234.8

上面层混合料总需要量为 3087t，中面层混合料总需要量为 5145t。其中需要拌和 AC-13 的量为 1440.6t，需要拌和 SMA-13 的量为 1646.4t，需要拌和 AC-20 的量为 3910.2t，需要拌和 SMA-16 的量为 1234.8t。

13.2.3 路面双层连续摊铺施工进度工艺流程

依照流水作业法的基本原理和保证路面摊铺连续进行的基本原则，以及根据施工中机械设备的配置和沥青混合料用量等工程量的计算，对整个试验段的路面摊铺进行施工组织设计。试验路段计划 2d 内完成施工，第一天对方案 1 进行试铺筑 300m，第二天完成试验段全部剩余路面的铺筑，故将施工第一天和第二天的施工进度图进行绘制。第一天施工进度图和第二天施工进度图如图 13-6、图 13-7 所示。

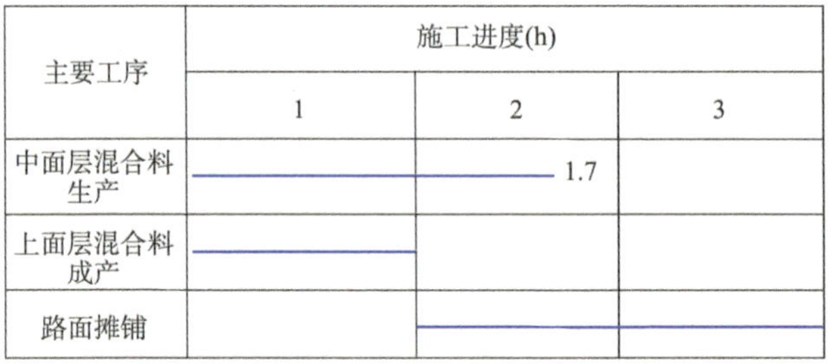

主要工序	施工进度(h)		
	1	2	3
中面层混合料生产		1.7	
上面层混合料成产			
路面摊铺			

图 13-6　试验段第一天施工进度图

主要工序	施工进度(h)																							
	1	2	3	4	5	6	7	8	9	10	11	12	13	14	15	16	17	18	19	20	21	22	23	24
中面层混合料生产			2.9				6.8		8.8				12.7		14.2				18.1					
上面层混合料成产		1.7		3.2			6.7		8.7				12.2		14.2			17.7						
路面摊铺					4.4					9.8						15.2					20.6			

图 13-7　试验段第二天施工进度图

13.2.4　试验路铺筑

试验路段结构设计采用 3cm AC-13 + 7cm AC-20、4cm AC-13 + 6cm AC-20、4cm SMA-13 + 6cm AC-20 以及 4cm SMA-13 + 6cm SMA-16 四种厚度组合方案。双层连续摊铺整套摊铺设备由摊铺机、转运车、运输车组成。双层摊铺机施工过程中依赖传感器控制行进方向，摊铺过程中应避免人员在摊铺机及转运车前走动，影响摊铺效果。为了更好地对双层摊铺作业进行管理，不同混合料运输车辆需排成两列，料车间距 25 ~ 30m。双层摊铺机施工全貌如图 13-8 所示。

图 13-8　双层摊铺机施工全貌图

摊铺开始之前，专人指挥转运车进行卸料，先卸中面层沥青混合料，用转运车向摊铺机的下受料仓送料并卸料彻底，再卸上面层沥青混合料，用转运车输送至摊铺机的上受料仓（摊铺机前部设置有两个受料仓，上、下布置，一大一小），转运车加料过程如图 13-9 所示。

当上受料仓装满混合料后，开机进行摊铺施工。摊铺机先开启中面层出料仓口摊铺中面层，再开启上面层出料仓口，同时进行两层摊铺。摊铺过程中，留有专人观察料斗中混合料用量，当料斗中剩料不足时（混合料剩1/3时），一次将中面层受料仓装满，将转运车内中面层料清空后换上面层混合料向上受料仓送料，如此交替连续摊铺，摊铺完成后，紧跟压路机进行碾压。摊铺过程示意图如图13-10所示。

图13-9 转运车加料过程

图13-10 摊铺过程示意图

为防止混合料产生推移，产生上、下层混料现象，保证在较高温度下压实到较高的水平，并防止温度散失，初压速度控制在1.5～2km/h，终压速度控制在2.5～3.5km/h，振压时采用高频率、低振幅的压实模式，同时碾压速度小于5km/h，且压路机速度保持匀速，起动、停止处减速，碾压路线及方向渐变，且碾压时在中间部位相应重叠1/3～1/2轮宽。不同碾压段落处用旗帜加以区分。碾压终了时平均温度达102℃。碾压时钢轮表面洒水量不宜过大，以刚好使混合料不粘轮为宜，试验路钢轮表面洒水量经统计为0.7kg/m^2。双层摊铺试验路碾压过程如图13-11所示。

a)稳压

b)初压

图 13-11

c)复压

d)终压

图 13-11 试验路碾压过程示意图

13.2.5 试验路检测

为了验证双层摊铺实际路用性能,课题组在摊铺过程中对压实度、平整度及渗水系数、抗滑系数等指标进行了初步观测。

1)压实度检测

本书课题组从现场取回 30 个试件,其中新建路面结构芯样 24 个,原路面结构芯样 6 个。如图 13-12 所示。剪切试验共计 30 次,拉拔试验共计 30 次。

a)

b)

图 13-12 现场钻芯取样

中面层压实度在 98.5% ~99.4% 之间,均大于 98%,满足规范中相对试验室标准密度不小于 97% 的要求,由此可以说明双层连续摊铺技术在路面铺筑过程的应用能够满足大厚度沥青混凝土压实度的要求。

2)平整度检测

在摊铺面层之前,采用平整度仪检测基层平整度,在达到路面施工规范要求的基础上,进行面层的摊铺。施工完成后,采用平整度仪进行路面平整度检测,由于试验路段只对路面上面层平整度有要求,因此只进行上面层平整度的检测,检测结果首先应符合《公路工程质量检验评定标准》,其次试验路要求平整度标准差不大于0.8。通过对试验路段进行现场检测可知:

(1)试验路段 3cm AC-13 + 7cmAC-20 段上面层平整度标准差在 0.67 ~ 0.79mm 之间,平均值为0.73mm,符合施工质量要求。

(2)试验路段 4cm AC-13 + 6cmAC-20 段上面层平整度标准差在 0.69 ~ 0.8mm 之间,平均值为0.74mm,符合施工质量要求。

(3)试验路段 4cm SMA-13 + 6cmAC-20 段上面层平整度标准差在 0.66 ~ 0.81mm 之间,平均值为0.76mm,符合施工质量要求。

(4)试验路段 4cm SMA-13 + 6cmSMA-16 段上面层平整度标准差在 0.73 ~ 0.83mm 之间,平均值为0.78mm,符合施工质量要求。

由此可以得出试验路段路面平整度均满足施工质量要求,进一步可以说明双层连续摊铺技术在路面铺筑过程的应用能够满足沥青混凝土路面平整度要求。

3)沥青混合料渗水试验观测

沥青混合料渗水试验对检测路面的密水性至关重要。课题选取试验路段 8 个代表桩号,每一桩号处分别对距中间 4.25m 和 8.0m 位置的路面进行渗水试验,每两个相邻桩号的试验作为一组试验方案,确定了四组试验方案,试验结果汇总如表 13-9 所示。

试验路路面渗水试验汇总　　表 13-9

序　号	路面结构	桩　号	渗水系数(mL/min)
方案一	3cm AC-13 + 7cm AC-20	K11 + 245	0
		K11 + 375	9.4
方案二	4cm AC-13 + 6cm AC-20	K11 + 455	0
		K11 + 575	5
方案三	4cm SMA-13 + 6cm AC-20	K11 + 780	0
		K11 + 870	4.4
方案四	4cm SMA-13 + 6cm SMA-16	K12 + 120	5
		K12 + 200	10

《公路沥青路面施工技术规范》(JTG F 40—2004)中规定普通沥青混合料的渗水系数不大于300mL/min,SMA 沥青混合料的渗水系数不大于200mL/min。由表13-9 可得,试验路段路面的平均渗水系数介于 0 ~ 10mL/min,远低于规范规定的值,具有较好的密水性能,不会出现严重渗水的情况。

4）路面抗滑性能试验观测

路面抗滑性能是路面的表面安全技术性能，是指车辆轮胎受到制动时路面防止轮胎滑移的能力。为评价路面的安全性能，采用摆式仪法和铺砂法测试路面的抗滑性能，试验过程如图13-13所示。试验结果见表13-10。

图13-13　路面抗滑性能检测

试验路摆式仪测定路面抗滑试验汇总　　表13-10

序　号	路面结构	桩　号	温度修正后摆值 BPN
方案一	3cm AC-13 +7cm AC-20	K11 +245	70
		K11 +375	70
方案二	4cm AC-13 +6cm AC-20	K11 +455	71
		K11 +576	71
方案三	4cm SMA-13 +6cm AC-20	K11 +780	70
		K11 +870	71
方案四	4cm SMA-13 +6cm SMA-16	K12 +120	69
		K12 +195	71

试验测定了8个桩号不同位置出的摆值，经过温度修正后，将其换算成20℃时的摆值。方案一中两个桩号修正后的摆值均为70BPN，方案二中修正后的摆值均为71BPN，方案三中两个桩号修正后的摆值分别为70BPN、71BPN，方案四中两个桩号修正后的摆值分别为69BPN、71BPN。每个方案测点的摆值相差不大。

《公路沥青路面设计规范》（JTG D50—2017）中规定，当年平均降雨量大于1000mm时，构造深度不低于0.55mm，介于500～1000mm时，构造深度不低于0.50mm，介于250～500mm时，构造深度不低于0.45mm。由表13-10可知，每一方案中相邻桩号之间构造深度相差不大，测点的平均构造深度介于0.76～1.02mm，高于规范的规定值。由此可得，试验路路面的抗滑性能符合规范要求，具有较高的安全性。

参考文献

[1] 乔志,王选仓,张志芳,等.半刚性基层双层连续摊铺层间结合状态[J].交通运输工程学报,2016,016(003):28-34.

[2] 王选仓,张烁,乔志,等.半刚性基层双层连续摊铺施工变形[J].筑路机械与施工机械化,2017,34(11):5.

[3] 乔志,王选仓,徐子涛,等.半刚性基层双层连续摊铺施工组织工艺研究[J].中国公路学报,2016,29(3):7.

[4] 王选仓,乔志,尹燕,等.半刚性路面材料大压实功压实规律研究[J].中国公路学报,2016,29(6):7.

[5] 乔志,张志芳,徐贵生,等.不同材料对破碎砾石沥青混合料水稳定性改善效果研究[J].公路交通科技:应用技术版,2015(7):4.

[6] 王崇涛,郑木莲,王选仓.半刚性基层不同龄期弯沉检验标准[J].长安大学学报:自然科学版,2008,28(6):5.

[7] 赵伦,王选仓,宋亮,等.半刚性基层双层连续摊铺的养生方法[J].筑路机械与施工机械化,2019,36(2):5.

[8] 田秋林,钟诚,王选仓,等.温度及含盐量对水泥稳定基层拱胀影响研究[J].公路,2020,65(4):6.

[9] 赵尔胜,裴旭东,王选仓.基于实际受力的半刚性基层层间处治措施研究[J].公路交通科技:应用技术版,2013,9(7):4.

[10] 房娜仁,王选仓,叶宏宇,等.大厚度水稳基层双层连续摊铺塑性变形分析[J].重庆大学学报:自然科学版,2019(7):9.

[11] 王选仓,张涛,鲍薪竹,等.基于流水作业法的沥青混凝土路面双层摊铺施工组织研究[J].公路,2014,59(4):6.

[12] 王选仓,王吉昌,杨育生,等.沥青路面双层摊铺与传统摊铺等效厚度转换试验研究[J].公路交通科技,2014,031(001):21-25.

[13] 王选仓,穆柯,王朝辉,等.沥青路面双层摊铺技术研究[J].筑路机械与施工机械化,2012,29(1):4.

[14] 王选仓,王朝辉,张燕萍.复合式路面层间处治技术研究与发展[J].筑路机械与施工机械化,2008,25(2):4.

[15] 李爱国,王选仓,尹敏.沥青路面双层一次性摊铺施工组织与关键施工技术[J].公路交通科技:应用技术版,2012(3):4.